【文庫クセジュ】

100語でわかるセクシュアリティ

人間のさまざまな性のあり方

ジャック・アンドレ監修
古橋忠晃／守谷てるみ訳

Que sais-je?

白水社

目次

はじめに

一〇〇語でわかる「性生活」というのが本書の内容に最もふさわしい題名かもしれない。セクシュアリティは、さまざまなアプローチの対象にされるが、どんな学問が作られたとしてもそれでセクシュアリティを言い尽したとは言えず、また、セクシュアリティについて結論を下すこともできない。不可能な（うんざりする）全体の総括を追求することをやめ、われわれは一部を選び出すことにした。一部を除外したと言ってもよいかもしれない。本書では、陰茎の血管構築、クリトリスの神経支配、卵母細胞、精子など、生物学や医学の分野におけるセクシュアリティについては、一切言及していない。その代わり、歴史、人類学、社会学、意味論、哲学、神学、文学、芸術など多分野の刺激的な観点から、セクシュアリティについて解説している。それらの領域の中で、われわれ著者グループから切り離すことのできない特別な位置を占めているものがある。それは、精神分析である。本書の著者一三人は、共通して精神分析の言説に依拠しているメンバーである。しかし、このメンバーたちにもリスクがないわけではない。精神分析が扱うセクシュアリティは、誰もが「セクシュアリティ」という言葉で用いている意味と単純に同質ではないからである。精神分析は、一般に大人のためとされているセクシュアリティを子供に広げるだけにとどまらなかった。なぜなら、精神分析が気付くことができたのは、子供のセクシュアリティというよりは、むしろ幼児のセクシュアリティであったからである。幼児のセクシュアリティは、年齢に関係なく、時間を越えたところにある。しかも、どのようなものであれ人としての活動が、欲望、快／不快、愛、憎しみなどの特徴を持った時点で、幼児のセクシュアリティは表面には現われず、隠れて存在しているものに関わり合っている。このようにセクシュアリティが移動したことで、性の表象がより複雑になり、性と性器のあいだにあるあまりに単純な等式が成り立たなくなった。それ以来、セクシュアリティの境界や定義が、不明瞭になってしまったのである。

精神分析がセクシュアリティの理解に寄与したものをもはや明らかにするつもりはない。現代における文化の蓄積として、すべて表われているからである。たとえば、セクシャルアイデンティティひとつをとってみても、解剖学的アイデンティティと心的アイデンティティとの不一致があり得る。心的アイデンティティは、新生児が両親の無意識とどのように出会ったかという原初的な関係により形成される。子供が解剖学上の現実によって否認を強いられたとしても、両親が望んだ性別を生まれた子供にあてはめてみることを押し通すことがある。そのような場合、勝ちを収めるのは、――その「勝利」がどのような形のものであれ――つねに心的なセクシャルアイデンティティの方である。同性愛の中には、非常にわかりやすい表現の方法を取るものがある（男勝りな女の子が女子を好きになる）。しかし、実際には、明確ではなく、隠れた形で心の中で葛藤を招いていることもある。

本書で扱う「セクシュアリティ」という言葉は、大人の性生活という広く共有された意味の範囲で取り上げたものである。言葉はつねに変わらなくても、その時代の他の言葉と密接な関係を持っている。なぜなら、セクシュアリティという語彙は、歴史や文化の変遷にきわめて敏感だからである。

本書では、大人の性生活を「青い花」といった淡い面から、フィストファックというきわどいものまで、できるだけ変化に富んだ様相で検討を試みた。セクシュアリティは、言語を支配し、わずかでも文脈がそれを許せば、どんな言葉や文章にも性的意味を与えることができるという特殊性を有する。これは、セクシュアリティ以外のどんな人間の活動にも備わっていない特殊性である。したがって、本書にある一〇〇語には、セクシュアリティについての言葉とセクシャルワードが含まれている。たとえば、二重の意味にとれるbaiser（キス／肉体関係を持つ）は、どちらにもあてはまる言葉である。一〇〇語は「愛人」から始まり、結びの語は「ロリータ」である。

執筆者一覧

ジャック・アンドレ
Jacques André

ジョアンヌ・アンドレ
Joanne André

イゼ・ベルナトゥ
Isée Bernateau

ベアトリス・チル
Béatrice Childs

ヴァンサン・エステロン
Vincent Estellon

キャロリーヌ・ウルヴィ
Caroline Hurvy

アナルセックス、異性愛／同性愛／両性愛、クンニリングス、小児性愛、性感染症（エイズ）、性行為の体位、膣、

侮辱、ペニス、ボノボ、マスターベーション

愛人、姦淫、クリトリス派／膣派、尻たたき、前戯、体毛、肉体、ファンタスム

淫売、思春期、娼館、神秘的エクスタシー、性的羞恥心、デート、ドン・ファン、魔性の女

好色、セックス、早漏、ナンパする、ハイヒールのかかと、張形、夫婦間の義務

異性装者、尻、セックス依存、バックルーム、一目ぼれ、フィストファック、勃起する／濡れる、欲望

処女性、背中の反り、体液、におい、ニンフォマニア、背信行為、ポルノ、両親の性生活

フランソワーズ・ノー
Françoise Neau

エクシジョン、髪、プライバシー、真昼の悪魔、幼児性愛

マチルド・サイエ
Mathilde Saïet

アフターセックス、禁欲、サド／マゾ、性感帯、倒錯、バーチャル、露出症／窃視症

アレクサンドリーヌ・シュニーヴィント
Alexandrine Schniewind

愛撫、青い花、エロティシズム、キス、ハレム、みだらな空想、ロリータ

キャロリーヌ・トンプソン
Caroline Thompson

姦通、受動性、性的解放、裸、不潔なもの、真夜中の海辺、リベルタン

フィリップ・ヴァロン
Philippe Valon

近親相姦、残酷さ、ジェンダー、出産、情熱の犯罪、性別、セクシャルハラスメント、挿入、欲求不満、リビドー、冷感症

サラ・ヴィベル
Sarah Vibert

アリュミューズ、オルガスムス、嫉妬、スワッピング、乳房、レイプ

イ・ミギョン
Mi-Kyung Yi

カミングアウト、頭痛、ストリング、性教育、フェラチオ、不純な、乱交パーティ

用語目次

タ行

デート
倒錯
ドン・ファン

ナ行
ナンパする（誘惑する）
におい
肉体
ニンフォマニア

ハ行
背信行為（タブー）
ハイヒールのかかと
裸
バーチャル（インターネット上のセクシュアリティ）
バックルーム
張形（性具）
ハレム
一目ぼれ（雷の一撃）
ファンタスム
フィストファック
夫婦間の義務
フェラチオ
不潔なもの
不純な、けがれた
侮辱、冒瀆
プライバシー、親密さ
ペニス、ファルス、おちんちん
勃起する、濡れる
ボノボ
ポルノ

マ行
魔性の女

マスターベーション
真昼の悪魔
真夜中の海辺
みだらな空想（夢精）

ヤ行

幼児性愛
欲望／欲する
欲求不満

ラ行

乱交パーティ
リビドー
リベルタン（自由思想家）
両親の性生活
冷感症
レイプ
露出症／窃視症
ロリータ

本文中の＊は、一〇〇語のなかに含まれる用語であることを意味する。

愛人　AMANT / MAÎTRESSE

「amants（恋人同志）のあいだだけは、私たち女は主権を握る。（中略）でも、結婚したら最後、今度は男の方が王様気取り。」（コルネイユ著『ポリュークト』（一六四三年））昔のamants（恋人同志）は、結婚の約束を交わしていた。愛人関係にあるふたりは、性的関係をもたない恋愛感情で結ばれていたのである。結婚は、待つことや、離れ離れでいることの苦しみに終止符を打ち、愛人関係の終わりを告げるものであった。しかし、結婚によって、欲望が完遂されるとは限らない。

十七世紀に入ると、amans《アマン》は一般にamants《アマン》という形でtが付け加えられ、女性形のamanteはmaîtresse《メトレス》（性的関係のある女、愛人）の意味になる。そして、愛人関係は、もはや結婚を期待することはなくなり、婚外の性的関係と定義されるに至る。待つことは、落ち合うこと、肉体関係を持つことで、愛人同志は、第一に性的な意味を持たされるようになる。待つこと、別離、禁止、期待、約束、裏切り。これらの言葉で、愛人たちの生活を表現することができる。彼らの関係が平穏になったとき、それは別れが近いことを意味する。

不確かな結婚や不倫においては、彼らの関係は、テーブルクロスの下で握る手、テーブルの下で触れ合う足といった禁じられた欲望や密かな悦びで育まれる。かつては、二人で満ち足りていたアマンの関係が、こんにちの愛人関係では、そこにいないと同時に裏切られている者、妻、そして夫の三人で成立している。maîtresse は、amant の女性形ではない。amant は、amour《アムール》と韻をふみ、maîtresse には享楽の意味が含まれる。したがって、「不感症の maîtresse」という表現は語義矛盾している。maîtresse は、ラテン語で家の主人を意味する dominus の女性形 domina に由来する。女性が家の主でないならば、欲望の主である。女は支配し、鞭（あるいは子供をこらしめるための房鞭）を使えるが、男にはその必要はない。男は、幻想を育むことが禁じられてはいない。「愛する女が狂態をさらして、もう駄目というような眼をしているのが見たいものだ」（オウィディウス）。結婚は貞節と生殖を約束する一方で、禁じられたカップルは、欲望をかきたて、勢いを保っている。

自分の方が恵まれていると信じていた女性が、実は社会的に二次的な身分で「自分は彼の愛人でしかない」と気付いたら、たとえ男が納得できなくとも、騙した男を騙すことなど何でもない。映画『タンゴ』（パトリス・ルコント監督）のポールは、「コキュ（妻を寝取られた男）なら、まだましだ。だが、愛人に裏切られるのはたまらない」と述べている。

愛撫　CARESSE（TENDRESSE）

「母親は、みずからの性生活から生じる感情を子供に与え、やさしく愛撫し、抱きしめ、ゆすり、完全に子供を同等の性対象の代理と見なしている」フロイトの精神分析が、二十世紀初頭にウィーンの保守派にとくにショックを与えた原因となった文章である。子供をやさしく撫でて、惜し気なく与える母親の子供に対する愛情の印は、母親自身の性的衝動を伴うので、子供を「性愛的なおもちゃ」にさえしてしまう。これが、――現在もなおその点は変わりないのであるが――フロイトの考え方を受け入れ難いものにしている原因である。

愛撫という言葉が曖昧である主要な要因は、かなり広範な領域をカバーしていることにある。愛情を込めて動物を撫でる。子供の頬を優しく撫でる。欲情を抱く人を官能的に愛撫する。夢や希望を愛撫することもあれば、太陽や風にやさしく愛撫されれば心地よい。どれもが親しみに結びつく行為である。caresse の語源は、ラテン語の carus であるが、深く愛する、いとおしむを意味する carezza という言葉を作ったのは、十七世紀のイタリア人である。

愛撫という言葉は、当初から性愛的な意味を帯びていた。逆に、恋人同士の愛撫は、母親のように世話をやくことで感じる喜びを指していた。さらに、深く愛する意味での愛撫は、いとしい人であることを意味する。幼少期からの体験で最も感覚的なものは、愛撫されることである。愛撫は受動的なものでありながら、さらに能動的な喜びももたらしてくれる。

愛撫とは、それ自体、感覚的である。指や唇で触れることで愛撫され、肌にそっと触れられると、さまざまな連想をかきたてられ、謎の経路でもって満足感がもたらされる。愛撫は、さまざまであるが、軽く触れられることでは満足できないもの、曖昧さのかけらもない愛撫というものがある。ボードレールが、深みのある愛撫と呼んだものや、詩人のオイディウスが『恋愛指南』で「女がさわられてよろこぶ場所をつきとめたら、恥ずかしいからということで、そこにさわるのを遠慮しないことだ。陽光が流れる水にしばしばきらめき映るように、眼がかすかにふるえながらきらめくのを、君は見つめることになるだろう」と女性の享楽*の鍵について述べたものがある。

青い花　FLEUR BLEUE

ロマンティックでセンチメンタルなある若い娘が、身近にいる若者には、まったく興味を抱かず、素敵な王子様が、思春期の眠りから目覚めさせるためにやって来ることを夢見ていた。青い花、この表現に性体験を持ちたくない花盛りの若い娘という否定的な意味を持たせている唯一の言語が、フランス語である。その語源はドイツ語の Blaue Blume で、詩人のノヴァーリスが、ロマン主義時代の知識人があこがれた、理想的で純粋な愛を象徴するために用いた表現である。一九〇八年、ヴィルヘルム二世は、『Die Blaue Blume（青い花）』という題の絵を書斎に飾ったのであるが、その絵は彼の崇高なあこがれを表現していた。ロマン主義の若き詩人たちの蒼白い頬は、やがて訪れる死を予感させ、若き娘の赤い頬と甘ったるい薄色のコントラストをなしている。両者の色調は異なるが、どちらも同じ現象を物語っている。それは、セクシュアリティの抑圧である。はじらいに満ちた純朴さと、理想的な愛へのあこがれは、どちらも、具体的で肉体的な側面から性を考えることを回避する方法なのである。「遠目には素敵だが、近くで見るとおぞましい」（レーモン・クノー『青い花』）という訳である。

映画『トワイライト・サーガ』がヒットした理由もこれで説明がつく。若い女性が、快活なヴァンパイアと花の中でふざけまわり、互いの目の中に青色を見て、若者たちの心は満たされる。著者は、lust（色欲）ではなくセックス抜きのロマン主義的なloveを前面に出したかったと述べている。現代の青い花たちが、かつての王子様よりヴァンパイアを求めるのは、欲望する身体との肉体的な出会いから逃避したい願望が、残存しているからである。イギリスでブルーストッキングと呼ばれたフェミニストすなわち解放された青い花たちが、女らしさを犠牲にして、知性を重視しようとしていた動きにも同じことが言える。

植物学の分野では、青い花で思い浮かぶのが、英名でForget-me-not、ドイツ名でVergissmeinnichtと呼ばれる愛を象徴する小さくて可愛らしい花、勿忘草である。不思議な事に、青い花が持つセンチメンタルで通俗的な意味は、「（僕を）忘れないで」よりミオゾティスというギリシア語の学名の匿名性を好むフランス人には、一度は嫌悪を催させるようである。

アナルセックス　SODOMIE

Pédication《ペディカシオン》とsodomie《ソドミ》は、同じ意味ではないにしても、同じ事態を示している。Pédication《ペディカシオン》は、現在では使われることのなくなった言葉であるが、「pais（少年）へのペニスの挿入によって、大人の精液が、少年に男らしさを伝えるとされた（キニャール）」ギリシア語に由来している。愛される少年は、愛を与える大人inspiratorに屈従する。生徒は、先生の言いなりになる。このような肛門への挿入を意味するギリシア語の動詞 eispein は、ラテン語で（inspirare）息吹を吹き込むと訳される。そして、sodomie《ソドミ》は、聖書に出てくる言葉で、硫黄という意味であり、自分たちの方法で神の使者を知ろうとするソドムの男たちを嫌悪するという意味である。

しかし、一九七一年の映画『ラストタンゴ・イン・パリ』を境に時代は変わった。主演のマーロン・ブランドが、マリア・シュナイダーにバターを塗る場面は、強烈に記憶に残っている。Inspiration が獣化に勝利したからではなく、肛門性交が「何もかもが可能で、すべて許される」という民主主義化によって性という残りものとして恩恵を受けたからである。女性の同性愛を含めて、いかなる関係も肛門性交と無縁ではない。

しかし、そのあいだに多くの人が焼かれたり（一四八二年、ホーエンベルク騎士とその下僕は、チューリッヒで一緒に火刑に処せられた）、石で殺されたりしてきた（スーダンからイランにかけての地域では、現在も投石刑がある）。バスチーユ牢獄で『ソドム一二〇日』を書いていたサドは、危険を察して、原稿を肛門の奥に隠したとされている。まさに文字通りの行為である。フランス革命によって、サドは釈放され、肛門性交の罪は廃止されたが、後に、フィリップ・ペタンが、法律を復活させている。それは、あたかも人が独裁的な男らしさという権力へと接近することが再び脅威的な危うさをもたらすかのようである。肛門性交は、場合によっては、戦場行為である。アメリカ兵は、サドを文字って、肛門性交のことを saddamiser《サダミゼ》と言う。

精神病（とポルノ）を除き、「穴であって穴ではない」という肛門性交に付随するファンタスム*には、以下のような幾つかの特徴がある。つまり、「純粋な女を汚い女にする」とは、アレキサンダー大王による乱暴な表現であるが、こうした表現のように、女性を服従させ、汚し、こき下ろし、獣のように扱おうとする（動物にもそのような考えは浮かばないであろう）欲望などが、特徴として存在しないことは稀である。肛門性は、自分が支払うべきものを相手に要求する。昔の「消え失せろ」から現代の「おかま野郎」まで、人を罵倒する表現はさまざまであるが、いつの時代にも後ろからやられることを意味するものである。

災を転じて福となしたのは、トルコ人に捕まり、尻から串刺しにされ持病の坐骨神経痛がすっかり治ったパンタグリュエルくらいであろう。

アフターセックス　POST COÏTUM ANIMAL TRISTE

「恋人たちは体をひしと抱きしめ、口からもれる唾を合わせ、歯に唇をおしつけ息をはずませる、無駄なことだ、そうしたからといって何ひとつもぎとることもできないし、体ごと体に突きいり、突き抜けることともできはしない」（ルクレティウス『事物の本性について』、『世界古典文学全集』）。ギリシア語でオルガスムスを意味する orgē を指す、このひとつになろうとする二人の「煮えたぎる情熱」は、相手の中に溶け込みたいという思いであるが、プラトンの『饗宴』に、ふたつに切り離された体の半身を取り戻そうとして、愛を求めるという有名な寓話がある。それぞれの半身は失われた半身を追い求め、再びセックスにおいて一緒になろうと欲した。始めは第三の種類である両性具有者（Androgynes）

は、球形をして、四本の手足や四つの器官を持っていたが、ゼウスによってふたつの部分に切り裂かれた。「切り裂かれたふたりが出会ってしまい、あまりにも強く抱き合うあまり、飢えや無気力で死んでしまった。相手がいなければ、何もしようとしなかったからである」

アフターセックスとは、満ち足りぬ気持ちであり、憂うつが悲しみや、メランコリー、ノスタルジーと混じった状態である。無限で永遠にひとつであろうと言う約束が、つねに裏切られるものであることを残酷にも思い出させてくれるのが、このセックスの後の憂うつである。自分の半身を見つけることは実に難しく、恋人の憂うつが、性の補完性が幻想でしかないことを証明している。

フロイトは、次のように述べている。「性欲動の本質の中に、充分な満足の実現に協力的ではない何かが存在する可能性について検討する必要があるだろう」。快を制限する防波堤が快の流れに沿って続いている。愛の不可能性は、原初的なアンビヴァレンスに関わっている。性的な息づかいは、極端な理想化の養分にもなるが、同時に、ひどい失望に至らせることにしかならない。肉体的な愛はいつも挫折する。ラカンは、「性関係はない」と述べた。性関係があっても他者に対する実際の関係を保証するものではなく、強烈な孤独を生じさせることとすらある。男性においては、ペニスが「萎え」という名の抑うつ的な態度を示すことによって、孤独感が強まるのである。

アフターセックスのむなしさ、「互いの取り分となった」満ち足りぬ気持ちと孤独を癒す唯一の逃げ道は、絶望に麻酔をかける眠りである。それでも男は女に尋ねる。「よかった?」と。

アリュミューズ（男の欲望をそそる女） ALLUMEUSE

アルマンは、愛する女性に関する悩み、感情の相互性に関する不安を打ち明ける。「彼女のことが頭から離れない。自分の気持ちが高ぶっているだけなのか、さもなければ、彼女が実際に合図を送っているのではないかと思う。」

allumeuse《アリュミューズ》は、もともと男性が使用していた言葉である。『彼方』（一八九一年）の著者ユイスマンは、魅力的で艶めかしい女性を指して、この言葉を用いている。フランス語では、ラテン語の alluminare の「第一の」の意味に、火をつける（十二世紀）という意味が加わった。男の欲望を燃え立たせるが、その欲望を消す段になると、相手の激しい感情を満足させることには無関心でそっぽを向く。すべてを捧げる振りをしながら、何ひとつ与えようとしないのが、アリュミューズである。

アリュミューズには、軽蔑的な意味が含まれる。性的欲求不満に身を委ねた男がこの言葉を使う場面では、侮辱の意味が込められる。アリュミューズには、人を操る術に長けた女、悪女と似た意味があり、古来の道徳律で求められる女性のセクシュアリティとは異なり、自分自身の性的欲望の抑圧に見合うだけの、悪意のなさや誠実さをぶちまける。ナボコフの小説『ロリータ』*や、その小説を原作とし、スタンリー・キューブリック監督による映画化（スー・リオン出演）では、アリュミューズのファンタスムの特徴をよく表わしている。他者の欲望を介して自分自身の欲望を無意識に置きつつ、それを開示する点で、アリュミューズはヒステリーによく似ている。アリュミューズの原初の意味が、（当時、すでに性的な象徴とされていたのであるが）十二世紀に「ろうそくに火をともす係」を意味していた

allumeur/se《アリュムユー》 にあるとはおもしろい。

現代のような性的に寛容な時代にあっても、昔のアリュミューズの悪意のなさが、ロリータの中に生き続けているのではないだろうか。フレデリック・ベグベデ著『愛は三年もつ』（一九九七年、未邦訳）にあるように、男にとってアリュミューズや、包み隠さず男を求める女よりもたちの悪い女がいる。「美しいうら若き女性が、あなたを見つめる時、考えられる可能性はふたつ。その女がアリュミューズであなたが危険にさらされているか、アリュミューズではないかである。しかし、その場合は、あなたはより大きな危険にさらされることになる。」

異性愛／同性愛／両性愛　HÉTÉRO / HOMO / BI

性的解放の第一波は、女性から起こった。それに伴い、セクシュアリティと生殖、女性と母親を切り離して考えられるようになった。処女性のタブーが重視されなくなったことが、その解放の最も明らかな印である。第二の波は、性の選択に関するものであった。既成の性的秩序に無理に従うことの次に現われたのが、欲求に従う自由であった。既成の性的秩序というものは、表面上は無視することができるものは多少とも黙認してきたが、公然たる同性愛や両性愛は、受け入れ難い挑戦、もっと言えば軽犯罪のように扱われていた。何かを恐れて、一線を超えようとしなかった人たちの中でも有名な人物が、フランソワ・モーリアックである。モーリアックほど慎みがなかったジッドは、自分が死んだ翌日に、「地獄など存在しない。大丈夫だ」という内容の電報をモーリアックに届けるように手配して笑いを引き起こしたという。

性を自由に選択できるようになったのは、最近のことである。そのことは、言葉の歴史やその言葉が想定しているような承認の歴史を持っていたのだろうか。ホモセクシャリティという言葉を最初に流行させたのは、オスカー・ワイルドがいたイギリスである。異性愛という語は、それから二〇年後に用いられるようになった。一方、両性愛は、ひとつの精神にふたつの性のアイデンティティが同時に存在しており、さらに、どちらの心的な性がより勝っているかを決定する場合に、解剖学を信用することは不可能であることを認めるフリースとフロイトの対話が出発点となり、実際に言語への仲間入りを果たした。社会の法が、フォローするまで時間を要するのは確かであるが、それも内部から崩れている。これまで、容認と禁止、自然と反自然のあいだで性を分割するのが、キリスト教であった。それが、宗教から独立し、民主主義になろうとしている。こんにちでは、体面を保ったまま、同性愛者でも大臣になれる時代になった。

＊

ホモセクシャリティは、coming out of closet（クローゼットから出す）ものであり、そのことで、これまでになかったような夫婦の場面を生み出している。四十代から五十代の男、あるいは女が、自分が選択した性の相手を尊重して、パートナーと共に第二の人生を生きたいと、夫や妻、子供たちを置いて家を出る。精神分析は、つねに、快を台なしにする役を引き受けている。性対象の「選択」ほど、個人的な歴史、無意識、耐えられないほどの無意識の決定論などに根付いたものはない。思想的な自由や政治的な自由は、けっして心的な自由ではないのである。

異性装者、ドラッグクイーン　TRAVESTI, DRAG-QUEEN

素人は、この二つを同じ語として区別しないが、実際には意味が異なる。異性装者は、脱毛する、ストッキングをはく、髭を剃る、髭隠しのベースメークをする、化粧をする、シリコンの胸パッドを入れる、ランジェリーを選び、着飾る、ドレスアップする、マニキュアを塗る、パンプスを履く、宝石をつけるなど、女性に変身すること自体にデリケートな快がある。すべてを、鏡を前にして厳しい監視下に置く。彼らの理想は、エレガントな女性として、大衆の中に自然に溶け込むことである。意外なことに、服飾倒錯者は、既婚者であるかどうか、また、子供の有無は別にして、たいていは異性愛者である。変装することは、自分自身の快のためであり、自分の中に女性を認めることに快を見出している。化粧をした男性は自分がなっている女性に誘惑されている。目的は、他人の視線を引くことよりも、自分で楽しむことにある（ミュージカル『ビクター／ビクトリア』一九八二年）。

一方、ドラッグクイーンという語は、――Drag は Dressed as a girl（女性のように装う）の頭文字をつなげた略語。Queen は、本来の意味は女王であるが、「異常者」という意味もある――ロンドンの同性愛者の隠語であり、女装の性癖を持つ男を指して用いられていた。だが、ドラッグクイーンのスタイルは、派手な衣装を身にまとい人の注意を引きつけるといったもので、服飾倒錯とはまったく異なる。いかに注目されるかが、重要なのである。そのために、シガレットホルダー、つけ爪、つけまつげ、イブニングドレス、ボア、スパンコール、網タイツ、カラフルなカツラ、ファウンデーション、濃いメークなどが使用される。パンプスは、まるで竹馬のようである。ゲイの世界（クラブ、バー、ディスコ）やキャバレーで、この夜の鳥たちに出会うことができる。女王に視線を向けずに通り過ぎようとすれば、後ろから「ねぇちょっと、見てよ」と声を掛けられることだろう。それでも無視し続ければ、「まあ、彼女は内気なのね」とくる。「彼女」とはあらゆる対象を示しているから、筋骨たくましい巨漢でも、女の子として扱われるのである。シニシズムとアイロニーが、通用する世界である。ドラッグは、女性性を極端なまでに強調したパロディである。『プリシラ』（一九九四年）は、オーストラリアの砂漠で開かれるドラッグショーに出るキャラバン隊を叙事詩的に描いた映画として知られる。女性として見られることを目的とする服飾倒錯者とは異なり、ドラッグクイーンは人を欺くことをしない。ドラッグクイーンは、男性の同性愛者なのである。

淫売、あばずれ、売女（女性を卑下する表現）PUTAIN, CHIENNE, SALOPE (RABAISSEMENT DE LA FEMME)

トマは、実用主義者である。同じ場所で愛したり欲したりすることができず、人生を二分割した。一方の女性は、テレザであり、彼の心の女性である。もう一方の女性は、永遠の愛人*として、快の道を共にする。ミラン・クンデラの『存在の耐えられない軽さ』（一九八四年）のように、恋愛生活を情と官能に分けている男性は少なくない。子供たちの母親として妻を（深く）敬愛している。尊敬する気持ちがずっと少ない女性に比べて、妻に対しては真の享楽を感じることができない。だが、女性をおとしめることが、なぜ男性の享楽の条件になってしまうのであろうか。

フロイトは、さらに驚くべきことであるが、おとしめられた女性が母親でもあり、この母親は、息子におやすみなさいを言った後に、父親の娼婦になってしまうと述べている。したがって、女性をおとしめることは、近親相姦*を隠しつつ見せびらかす手段を探りつつ、男性を近親相姦*の危険にさらすことになる。とはいえ、エロティシズムの修辞的な技法は、必ずしも愛情に欠いている訳ではなく、ジェイムズ・ジョイスは、妻に「僕の可愛い娼婦のノラ。君の口から、申し分なく刺激的で卑猥な言葉を口ごもるのを聴くことができたなら」と語っている。

エクシジョン EXCISION

女性器切除の中で最も多く行なわれるのがエクシジョンで、イスラム世界より前の古代エジプトで始まった。コーランは、女性器切除については一切触れていないが、非常に異論の多いハディース(1)では、ムハンマドがこれを勧めていると言及している。「傷つけて、磨き上げることをやめよ。なぜなら、それが表情を輝かせ、夫にとって心地いいからである。」

(1) イスラム教の預言者ムハンマドの言行録。コーランがムハンマドへの啓示というかたちで天使を通して神が語った言葉とされるのに対して、ハディースはムハンマド自身が日常生活の中で語った言葉やその行動についての証言をまとめたものである〔訳注〕。

切除師は、クリトリスと小陰唇を切除することが多いが、陰部封鎖をすることもある。大陰唇を切除した後に、結婚までと出産と出産のあいだにも、膣の入口をほとんど完全に閉鎖するのである。女性器切除を正式に禁止しようとする動向が強くなっている中、おもにサハラ砂漠より南のブラックアフリカで、年間二〇〇万人もの少女が、性器切除を受けている。現在、エジプト、インド、アジアのイスラム圏の国々で、性器切除されている女性は、一億三〇〇〇万人に上る。一九八〇年代より、ヨーロッパでクリトリスの再生手術によって、性器切除された女性の排尿痛、排尿困難、月経困難症、難産などの痛みが和らぎ、失われた性感の一部を取り戻すことができた例もある。

複雑な宗礼は、つねに女性の手によって実施される。象徴的に将来の母親の部分を切除することで、少女が女性や母親のコミュニティに受け入れられるために、こうした実践とその正当化がなされている。女性器切除の方法は、民族や国、時代によってばらつきがあり、美的、予防、清めの儀式、処女性の保護、多産、マスターベーションの防止(ローザンヌのティソ博士は、一七六〇年代に、反マスターベーションを称賛している)、死産の防止(クリトリスが子供を傷つけるかもしれない)、母親の支配によって確かなものになる伝統への帰属と結びつけられる。

女性のリアルで性的な体そのものにおいては、抑えきれない女性の欲望と快のファンタスムや、委縮した小さなペニスが去勢の危険をあまりに分かりやすく具象化している両性具有のファンタスムといった脅威ではあるが場所を限定できるファンタスムを磨き上げることが問題になるのではないだろうか。そしてファンタスムが、母親と父親、互いの肉体と心の中に生じさせる過度の興奮と苦悩を打ち切るためには、女性の性器とそこから得られる快を切り取るだけで充分であるかのようである。

エロティシズム　ÉROTISME

「身体の中で最もエロティックなのは衣服が口を開けている所ではなかろうか。」(ロラン・バルト、『テクストの快楽』一九七三年)。見えているものよりもほのめかされているもの、一目瞭然の明白なものよりも暗黙のものを予想することの方が、官能的である。デコルテの縁から胸がちらりと見えたり、スカートのスリットからふくらはぎが見え隠れすると、困惑し、魅了し、不意に欲望をかきたてたりすることがある。エロティシズムは、たいていの場合は、わざとしているものではないとしても、体のある部分の微妙な演出によって故意に呼び起こされうることに変わりはない。つねにシニョンが既婚女性の髪型であり、ドレッシーな夜会服の必須事項であるのは、慎みのあるうなじの曲線が、目を引くからである。おしゃれの達人、ヴィクトリア・ベッカムが長いうなじに、ソロモンの雅歌のタトゥーを入れたのもそれを意識してのことであろう。

エロティシズムのカーソルは、甘ったるさと下品さの両極のあいだでかつてないほどゆらゆらしている。エロティシズムと、性器的なセクシュアリティのない(神への)絶対愛を同一視する哲学者と宗教家がいる。ポルノグラフィーについては、ソフトポルノに分類された文学や映画は、ためらうことなく「エロティック」である。原初的な意味をたどれば、エロティシズムとは、もともと性的な欲望*に結びついた、欲望を引き起こすもの、荒々しさに身を任せることなく、それに執着する強度を保つ力のあるものであった。そこから、欲望をそそり、あおり、支持するものを芸術の地位に上げる数々の文化の傾向が生まれたのである。カーマ・スートラに描かれている六四の体位は、性科学の手引きとして読まれるべきものではない。カーマ・スートラの題名にあるとおり、それは「欲望の格言集」である。

最近、フェロモン香水が商品化された。その広告では、動物の性的魅力を支配する成分が、「何の苦労もなく」人の欲望を挑発する効果があると保証している。つまり、人と動物を区別するはずのエロティシズムは、鋤鼻器[1]に譲歩してしまったのであろうか。

（1）哺乳類の鋤鼻器は一般的な嗅覚とは異なり、フェロモン様物質を受容する器官に特化していると考えられている〔訳注〕。

オルガスムス　JOUISSANCE（ORGASME）

ローレン・バコールは、ファンから美を保つ秘訣について尋ねられ、タバコの煙をくゆらせながら「オルガスムスを感じないことかしら」と答えた。

今時の雑誌では、「オルガスムスは健康によい」というのが主流であるのに、奇妙な返答ではある。だが、オルガスムスを遅らせ、できる限り長く性欲を保てるよう教える古代インドの性愛論書『カーマ・スートラ』の知恵を彷彿させる。放出自体は、快ではない。快は、心地よい前戯*の緊張からもたらされるものである。

「私は誠実な恋人の腕の中で死ぬ。そして、この死にこそ私は命を見いだせる」と十七世紀の作家オルタンス・ド・ヴィルデューは、詩『享楽』に書いている。オルガスムスで欠如を癒す効果は短く、かろうじてつかみ取られても、享楽は――「享楽するという動詞には、所有するという意味もある――逃れてしまう。性行為の後に感じるむなしさ（アフターセックス）*を意味する**Post coïtum animal triste**いう表現がある。

「オルガスムス」と「享楽」は、語源的に対立し、男女間の食い違いを表現している。「オルガスムス」は、ギリシア語で怒りの発作を意味する**orgê**を語源とし、長く男性のものとされていた。一方、「享楽」は、ラテン語の**gaudere**に由来し、熱烈に歓迎する、歓待するといった女性性を連想させる。女性の享楽は、内的なもので、男性のそれよりもゆっくりで、内に秘められたものだから、男性は、女性の喜びがうわべだけのものではなかろうかと不安になる。ブラッサンスが歌ったように、「天使のため息は、思いやりからでたうそ」なのか。あるいは、女性の享楽は、並はずれて大きいものかもしれない。予言者テイレシアースが、「享楽を一〇に分けたら、女が九で、男は一にすぎない」という秘密を夫ゼウスに教えてしまったことに激怒したヘラは、テイレシアースを盲目にしたという。クリトリスと膣*のセットという言い方もある。これはフロイトの好奇心（純朴さ）のひとつである。フロイトには、女性は、一方（クリトリス派）を諦めることによってのみ、他方（膣派）*に接近することができるという確信があった。

髪 CHEVELURE

「おお、頸の上までふさふさと波打つ髪よ！　おお、物憂さのこもった香りよ」ボードレールの詠う「香りの森」で男たちは道に迷う（『髪』一八五七年）。ブロンドのお下げ髪に狂おしいほど恋して、この死髪の魅力的な小川に指をぬらしたせいで気が狂ったのは、モーパッサンの短編小説『髪』の主人公である。

ジュディトは、母が毎朝十三歳の自分の娘の長い髪を編むことにうんざりして、髪を短くしてしまったことを思い出していた。ジュディトは、忘れることができなかった。あまりにも突然に、もう何もなくなってしまったのである。確かに、髪はまた伸びる。だが……。サムソンもまた、陰謀を企てたデリラによって髪を切られて力を失った（旧約聖書中の物語）。子供に言うことをきかせ、敗者の髪の毛をそり、女は丸刈りにするか頭にベールをかける。このように支配は、髪を介して行なわれる。

三つ編みは、短くされてしまうまで、少女が何ももたないことを隠蔽していたのであろうか。フロイトは、かつて女性の活動であった編み物や機織りは、女性にペニスがないことを隠すためのものであったと大胆な仮説を立てている。

少年は、この度を越した性理論の逆説的な援護者である。見てしまうと石にさせられるメドゥーサの頭の蛇髪は、「陰毛」に覆われたものがない母親の性器を目にして感じる恐怖心と、少年自身の性器の硬さ（身がすくみながらも、硬い）を同時に表わしている。

マグダラのマリアは、イエスの足をほどいた長髪で洗ったと言われている。ダニエル・アラスによれば、誘惑者イヴと聖母マリアを凝結させたマグダラのマリアは、けがれ*と、純粋さとを官能的な愛と精神的な愛を結びつけ、前者から後者への移行を可能にした。マグダラのマリアの髪や性的器官は、自身の過去の過ちを示している。砂漠での贖罪の苦行が、その痕跡を留めている。体全体を覆い隠す着衣もなく、体の慎みのなさを抑止するものもなく、裸*を伸び放題の髪で覆っている。マグダラのマリアの髪が、隠しつつ露わにしているのは（夢のイメージがそうであるように）、毛であり、陰毛である。その陰毛は、愛撫や男性器（ラテン語でpenicillus）を禁じられ、暴こうとする視線を禁じられている。イエスの足を拭ったとき、イエスは娼婦マグダラのマリアの毛を聖なる髪にした。

カミングアウト　COMING OUT

「おまえの好きな人と付き合うがいい。だが、私は何も知りたくはない。」ローマンが、口ごもりながら自分が同性愛者であるとほのめかしたとき、父親はこう答えた。認めるでも拒絶するでもなく、命令的でありながら曖昧な要求であった。黙れ！　それとなく黙認してきた息子の性的志向の現実に対してというよりは、言葉にして表明されたことに対して沈黙を求めたのであった。話すという行為は、その内容以上に、挑発的な重圧を集中させたかのようである。同性愛が処罰の対象外になった後、レズビアン／ゲイパレードの時代の課題は、獲得した性の自由に見合った言葉を自由化することであろうか。

カミングアウトは、英語の coming out of closet（クローゼットから出す）という表現に由来する。アメリカのレズビアンとゲイが、自分たちの社会的、法的な認知を求めた、一九七九年十月十一日の「ワシントン大行進」にならって、カミングアウトという表現は、ひっそりと引きこもるのではなく、堂々と人前に出たいという同性愛者の意思を示すようになった。日陰から出る。恥と見なされる秘密から抜け出す。そこから、同性愛者の「自己表明」は、必然的に芝居じみた、露出症的ですらある口調になる。ディディエ・エリボンは、「やすやすと自分が同性愛者であるとは言えない。」と述べている。（ディディエ・エリボン、『ランスへの帰郷』二〇〇九年）

自由を獲得したことにより、選択の可能性がもたらされた一方で、葛藤の原因にもなっている。「名前を言う勇気のない愛」（オスカー・ワイルド）によって愛し合っていたかつての異性愛や「性倒錯者」と比較すると、こんにちの同性愛の特徴は、いつ、誰と、どんな状況であるかを公言する決心をすることにある。

しかし、獲得した自由が、危うい自由になるまでの道のりは短い。落とし穴にはまる危険をはらみつつ、いつまでも被害者であり続けることになる。これは、米軍の同性愛者について論争が起きた際に、実際に生じたことである。最終的に、彼らが軍隊で「同性愛者」であることを公表しなければ、同性愛を容認できると判断された。あなたには、同性愛者である権利があるが、他人はそのことを知りたくはない。これが、米軍の同性愛者に対するポリシー、Don't ask, don't tell.（尋問するべからず、打ち明けるべからず）である。

姦淫 FORNICATION（PÉCHÉ）

「姦淫を避けなさい。人が犯すどんな罪でも身体とは無関係である。しかし、姦淫をした人間は、自分自身の身体に背き、精霊寺院に背くのである」（パウロ『コリントの使徒への手紙』）。

Fornicationは、アーチ天井を意味するfornixに由来する。古代ローマ時代に売春をする場所として使用されていた部屋の天井がアーチ型をしていたのである。Fornixは、炉を意味するfurnusと同系の言葉と考えられる。アーチ型天井との類似（語）で、燃え上がる熱を連想させる姦淫は、地獄言葉である。姦淫は、売春婦との関係に留まらず、――肉体の快楽は、金銭上の無節操より非難すべきものである――生殖行為ではない性的関係全般に及ぶ。姦淫を防ぐ唯一の薬は、「それぞれの男はその妻と暮らし、それぞれの妻はその夫と暮らす」（パウロ）になろう。教父によって、「偶像崇拝への大通り」と名付けられた姦淫は、人が獣に転落すること、魂の犠牲を意味する。男であれ女であれ、快楽のために性交渉をする者は、今度は快楽の偶像になり、神の制度を守るために焼き殺されるであろうとされている。

性欲か神か。性欲が神になり、かつてのスローガン（「増やしなさい」、創世記I）が、新たな至上指令「享楽せよ！」と入れ替わったこんにちまでは、そのどちらかを選んでこなければならなかった。地獄であった姦淫は、今や、義務になった。ファンタスムを満足させることは、健康の証になる。この世の地獄と宗教上の保守主義の台頭は、おそらく同じメダルの裏表でしかない。新たな社会的保守主義の出現を無視することはできないであろう。アメリカでは、オフィスを出た男女が、ふたりきりでエレベーターに乗ることは、よいことではないとされている。どちらかにセクシャルハラスメント*が疑われるからである。最後の審判でないとしても、裁判沙汰にはなる。

アーチ型天井からエレベーターに至るまで、姦淫は閨房を出て、性的解放（義務）という名になった。地獄は以前はつねに地上にあったが、――神はわれわれが犯した罪を償うためにわれわれを地上にお残しになった――こんにちの姦淫、言い換えれば、性的快楽の偶像崇拝者は、「地獄、万歳！」と叫ぶところに違いがある。

姦通（不倫）　ADULTÈRE

「早く少年（少女）時代から抜け出して、不倫をしてみたい。」大人のセクシュアリティの罪を待ち遠しい気持ちでいる子供の見事な言葉[1]である。不倫は、パパとママと自分という子供の三角関係を再現する。浮気をすることで、幼児的な満足感を取り戻すことができる。つまり、夫と愛人*、妻と愛人といったそれぞれとの関係から得られる悦びを放棄せずに、確立された状況を楽しめるのである。愛する快楽とだます快楽、さらに、だまされる快楽まで享受できる。このあたりの状況は、ドストエフスキーの『永遠の夫』に描かれている。

（1）フランス語で大人は adulte、姦通・不倫は adultère であることから、少年（少女）時代に対する大人の時代を表わす語が adultère と勘違いして、このような発言につながったと思われる〔訳注〕。

こんにち姦通という言葉は、時代遅れのイメージがある。ブルジョワ階級や見合い婚、『ボヴァリー夫人』の主人公エンマ・ボヴァリー程度の印象しかない。婚外にしか気持ちの高ぶりを感じられず、男性は母親とふしだらな女との区別をよりはっきりとさせる。性欲のない場所にしておくことで家庭を守る。姦通における性の不平等は、消えてはいない。男は浮気をしても結婚生活を続けられるが、女の場合は、結婚を危険にさらすことになる。

姦通は、現行犯によって事件となる。執達吏、警官、錠前屋が、情事の証拠を押さえる。証人を探し、現場に踏み込む。劇作家ジョルジュ・フェイドーは、大人のかくれんぼを見事に描いている。誰も見たくも知りたくもないような正式な相手との透明すぎる関係よりも、隠れた興奮の方が勝る。禁止されていることと、それに反することの狭間で、大人のセクシュアリティは、子供や青年期の様相を見出すのである。

しかし、結婚制度を無視するということが、壮大な順応主義を隠している点に、姦通のパラドックスがある。ボヴァリー夫人は、大衆小説に影響されてアバンチュールを楽しむようになる。自分もヒロインになりたいと思ったのである。それにしても、人を自由に愛することはないのだろうか。誰かに愛されていないから、付き合っている人がいないから、その人を求めるものであろうか。姦通には、相手の妻に勝つとか、自分が一番愛されているという思考がある。幼児的でありながら、エディプス的な欲望の実現は、それほど遠くない近いところにある。

キス　BAISER (LE)

最近、ロベール・ドワノーの有名な写真「パリ市庁舎前のキス」(一九五〇年)が、競売にかけられ、一八万五〇〇〇ユーロで落札された。落札した人物は、「この写真のキスは、盗まれたものでないことだけは確かである……」とコメントした。

キスには、フレンチキス、エスキモーキス(鼻と鼻を擦り合わせる)、ロシア式キスなどがある。舌、鼻、唇などが対象になる。**baiser** はまずはラテン語で **basiare** であり、それは恋人同士のキスと、礼儀と尊敬を表わすキスの両方の意味がある。ラテン語では、唇を合わせる(性愛的な)キス **saviari** と挨拶のキス **osculum** は区別されていた。後者は、中世では、神学的な意味を持っていて、侮辱の印となる足にキスすることまで行なわれた。その名残が、上流社会の紳士が婦人に敬意を表わすために手にする口づけである。

昔の映画では、キスシーンは控えられていた。一八九六年の映画『The Kiss』では、シカゴ警察の介入があった。一九三四年には、アメリカ合衆国で、映画におけるキスシーンの最長時間を定めるヘイズコードが規定された。以来、映画界では、パートナーを入れ替えることでキスシーンが許可されたがハッピーエンドの続く可能性がきわめて低いハリウッド型と、キス（lip-locked）の検閲で禁止され主人公が愛する人に口づけをすることもなく死んでしまうボリウッド型に二分された。

青年にとって避けることのできない通過点として認知されている「ディープキス」は、愛を、不安なもの、およそロマンティックでないものにする。大人の恋人同士であれば（クレオール語で表現されるように）悦楽と共に「舌でする」のであるが、青年にとっては粘液の入り混じりと唾液の混合に感じられる。キスに尊厳を持たせ、何もかも許してもキスだけはさせない娼婦というのは、逆説的かもしれない。キスには、また別の意味がある。ドイツ語でメレンゲは、フランス語のキス（Baiser）を意味する語である。メレンゲのふわっとした甘さや、口の中が少しくっつく感じがフレンチキスに似ているからであろうか。

近親相姦　INCESTE

フロイトは、人には誰しも強い近親相姦的欲望があるとして、子供（エディプス）に課せられる禁止の厳しさと普遍性を強調したのであるが――欲しないことをなぜ禁止するのか――精神分析において、今もなおこの概念は、議論の対象にされている。しかし、フロイトがこの概念を生み出したわけではない。フロイトより一五〇年前に、マルキ・ド・サドは、すでに近親相姦的欲望について、「自然は、ある対象に対する性欲を抱かせれば抱かせるほど、同時にそこから遠ざかるように命じる」と述べている。フロイトでは、最初の恋愛対象から無理やり遠ざかるという葛藤の中に心的葛藤を見いだし、そこでは神経症や文明の進歩が育まれるとされたが、「サド侯爵」は、禁止の解除と近親相姦を義務とすることで克服できる不条理さというものを暴いていた。

それほど歴史を遡らずとも、啓蒙時代のサドを輩出したフランス革命や、その後の、ナポレオン法典（民法典）では、それまで死刑に処されていたこの行為を犯罪や違法行為のリストから消した。現在では、成人間の近親相姦的性関係は、禁止されておらず、未成年との近親相姦のみ、それも成人が子供に対して支配力を持っている場合に罰せられる。

刑法典から消えたとしても、近親相姦は、現実から排除されることはなく、ましてファンタスムから消えはしなかった。近親相姦は、精神分析家の診療室で必ずと言ってもいいほど扱われる問題である。子供の頃に近親相姦を受けた人、近親相姦のファンタスムや欲望を抱いた人などが診療室を訪れる。早期の性衝動の向かう先が両親や、兄弟、姉妹であるという事実に立ち向かうことになる患者たちである。こうした愛は、予想外の形をとることがある。ある男性が、ある日、気にかかった夢について語る。ボートに父親とふたりでいた。そのボートをゆっくりと漕いでいると、突然、夜になった。次の場面は朝、父と息子は再びボートにいた。しかし、息子は、誰のかはわからないが、子供を宿していた。

禁欲、貞操　ABSTINECE, CHASTETÉ

禁欲は、満足し難い要請であるために、有効的かつ機能的な方法が用いられる。貞操帯は、十四世紀末にフランソワ・デ・カッラーラにより発明されたとされる。後宮の女性のすべてにこの貞操帯を身に付けさせ、南京錠をかけたことで知られる人物で、後に絞首刑にされた。こうして、道徳心のない女性は、「鍵をかけることで妻に貞操を守らせようとする嫉妬深い夫がいても、それをとがめることはできない」（ヴォルテール『南京錠』一七一六年）と、不信に満ちた夫によって、ロックされることになる。しかし、その後、時代を経て、この貞操帯は性別を変えてしまった。かつて、不貞の女性や弱い女性のために考案されたはずの貞操帯が、S／M*愛好家のフォーラムでは、現代では刺激を求めるカップルにおいて男の方が身につけるものになったようである。貞操帯を付けられた男は、リビドー*を抑えられ、欲望を増すための拷問に至るまで、鍵を持つ厳しい妻のいいなりになる。現代版貞操帯の鍵には、金属が使用されておらず、空港の金属探知装置も密かに通過することができる。貞操帯は男性に正しく整備を施すためのものであり、出張でいかなる誘惑にあってもおとなしくしているしかない。

性的な禁欲は、性欲を高める効果のあるものと見なされ、中世時代に愛し合うふたりが裸で寝て、誘惑に負けないようにするアサッグ Assag という慣習にあるような、きわめて官能的な実践としての宮廷恋愛の延長にあった。とはいえ、禁欲と貞操は区別されなければならない。結婚の徳である貞操は、「規則やならわしに従う」を意味する castus を語源としており、派生語に inceste（近親相姦*）を持つ「規則を破る」や「貞操を欠くみだらさ」を意味する incestus とは全く異なる。つまり、貞操の誓いとは、犠牲になるという撤回できない誓いというよりは、――貞操帯の使用の有無に関わらず――誠実さに対する誓いである。修道女や修道士における禁欲は、——近年の no sex のムーヴメントの賛同者のように——欲求の充足を完全に断念し、性的快楽を自発的、かつ、完全、決定的に喪失することを意味する。いともたやすく違反できてしまう道徳律に対する貞操に向かいあっている禁欲は、セクシュアリティとその危険性、中でも近親相姦の危険性に対する、より効果的で根本的な防衛になりうるのであろうか。宗教的な禁欲は、享楽増進の代わりを務め、そして、神との合一を祝う神秘的なエクスタシー*、つまり精神的なオルガスムの前駆する快の一形態でしかないのであろうか。「たいていの美徳は、悪徳が変装したものでしかない」(ラ・ロシュフーコー)のかもしれない。

クリトリス派/膣派 CLITORIDIENNE / VAGINALE

クリトリスと膣派というよりは、クリトリス派か膣派と表現するのが適当である。女性のセクシュアリティは、あれかこれかで、すべてを得ることはできないのである。このように確信したマリー・ボナパルトは、クリトリスと膣の距離を短くすることで、性的興奮の中継を容易にしたいと考え(実現しなかったが)、「正常なオルガスム」が得られることを期待して手術を求めた。それは、マリー・ボナパルトの師、フロイトの心を文字通り動かした。「クリトリスはその後、このような興奮を近隣の女性部分にさらに伝えるという役割をもつようになる。それはちょうど、堅い薪木を燃やすために燃えやすい松のおがくずを利用するようなものである」と述べている(『性理論のための3篇』一九〇五年)。

かつての女性のセクシュアリティの行きつくところは膣であり、——このことは、おそらく現在でも通用している――そのためにクリトリスの快楽はあきらめていたのである。古代の予言者ティレシアースの「女の快感は男の九倍」という極端な言葉に照らして男性が苦悩を呼び覚ますことになろうとも、女性としても、チーズかデザートのどちらかであって、けっして両方を楽しむことはできないのである。世界の起源が究極の享楽の場でもあることが、女をイオカステーにし、男を非力な息子オイディプスにする。

　クリトリスと膣*の男性器とのそれぞれの関係は、微妙に異なる。クリトリスは快楽の器官であり、それそのもので満たされる。マスターベーションが流行していた十九世紀には、クリトリスには「男性いらず」というあだ名が付けられていた。クリトリスを「何の役にも立たない」と言う男性に対して、女性は「悦び以外には」と答えた。一方、膣は、男性器に依存している。ペニスの住まいとして、もてなす形をとり、受身（挿入される）の運命にある。男性器と異なり、補足的でもある。

　クリトリスとペニスは、どちらも同じ胚を起源とする勃起性の組織でできており、類似する点もあるが、大きさで区別することはできる。ただし、メスがオスのペニスと同等の大きさのクリトリスを持っているハイエナは別である。少々のことでは、クリトリスは燃え立たない。快楽はセンチメートルでは測れない。だからと言って、クリトリス切除*、神の創造物である未完成物の修正、男性の残滓の消去などを思いつくとは……。男たちは、安心したいのである。

クンニリングス　CUNNILINGUS

クンニリングスは、男を跪かせる。この弱気さでもある謙虚さには、こうした行為の運命に強い影響を及ぼしてきた。古代ローマでは、他の多くの文化と同様に、奴隷や女は発言権を持たず、自由な男だけにセクシュアリティを委ねており、こうした男には支配以外の選択はなかった。したがって、男が受身になるなど論外で、女の快のために奉仕するなど考えられなかった。しかし、他の場所でもそうであるようにローマにおいても、たとえ、恥辱の危険を冒すことをしなくても、欲望をかきたてるために禁じられるものは何もなかったのである。クンニリングスで最も有名なのは、ローマ皇帝ティベリウスである。カプリ島の岬の別荘からは、海をさえぎるものひとつない眺望が得られた。それだけでcunnilingus《クンニリングス》がラテン語で、何世紀も経てきた言葉であるということの不思議さを充分に説明できるのではなかろうか。文字どおりに訳せばlèche（女性器）―（を）con（なめる）になるが、こちらは隠語としてしか用いられてはいない。母国語から離れ、博識で（抑圧の同義として）神聖な言語を採用することで、世界の始まりに近づくことができるであろうか。フロイトは、三歳で母親と寝台車で旅した思い出について、母親のnuda（裸体）を見たときにmatrem（母親）に対してリビドー*が目覚めたと語っている。

クンニリングスは、フェラチオ*と共に、現代の性生活にあっては、避けられない通過点のひとつであるが、社会において男女平等が進んでいる証でもある。とはいえ、ラカンが言うように、「クンニリングスが、力を失い始めた『裕福な男たち』によって一般に行なわれる技法になった」のはそれほど昔のことではない。つねに自分の精力を気にかけている男が、女性の享楽を目覚めさせるのに性器の大きさは何ら関係のないことを認めるのは、それほど簡単ではない。したがって、この実践は女性間のものにもなっていった。カプリ島の他にもクンニリングスにとっての歴史的場所がある。レスボス島（使用言語はギリシア語）である。その島の名前は、女性の同性愛の名称の起源になっている。古代ギリシア語の lesbiazein には、lècher（なめる）の意味がある。

好色　LUBRIQUE

「物欲しげに私たちを見ているあの男ったら、あのことしか頭にないってことは一目瞭然ね」いやらしい目つきには、触れるものを汚す不潔で好色な何かがある。Lubrique（好色）の綴りを置き換えると、Qui-brûle（焼く人）になる。

ラテン語で「滑りやすい」という意味の lubricus を語源とする好色は、制御不能、淫乱への露骨な性癖を意味する。姦淫*、獣姦、姦通*、近親相姦*、アナルセックス*などが類似語として挙げられる。淫乱は、思考と行為における、性的な快楽や肉体*の喜びに対する貪欲な欲望を連想させる。好色とは、同じ言葉で性とその弾劾を表わしている。今や時代遅れとなった好色という言葉は、笑いを誘うものとなっている。それは性的解放によって強いられた結果である。とはいえ、好色には、まなざしにまつわる古い歴史に満ちている。このまなざしは、「不純な心を伴う大罪」であり、永劫の業火へ導く可能性を持っている。獲物に注がれる、みだらで貪るようなまなざし、「はじらいの部分をまなざすことに喜びを見いだす」（『知恵の書』十七世紀）好色の悪魔の餌食となってしまった罪人のまなざしである。好色は、男性に多いが、伝統的には、膣の興奮を表わすために用いられてきた言葉であるlubrifié（滑りをよくした）と語源を同じくする。好色な目つきとは、濡らす視線であるとも言えるだろう。

欲望の対象に向けられる欲動的な力は性別をもたないが、渇望は、手始めに、うかがい、食い入るように見つめる（性的な）獣の渇望である。ヴァルモント子爵はトゥールヴェル夫人を「頭から足の先まで、足の先から頭まで」を食い入るような視線で盗み見たが、その視線は欲望をかきたて、前戯*に使われる（ラクロ『危険な関係』）。『夏の嵐（Senso）』（ヴィスコンティ、一九五四年）においては、ヴェニスの気高いリヴィア伯爵夫人が、オーストリア軍人マーラー中尉のまなざしを認め裸体をさらす。好色は女性にもある。ボードレールの『悪の華』（一八六一年）の「宝石」に収録された詩でも、「あのひとは馴らされた虎」の如き詩人を凝視して見られるまま、愛されるまま「ぼんやりとして夢見心地に、さまざまの姿態（しな）を試みれば、あどけなさは、猥（みだ）りがひとつになって、つぎからつぎと変わる貌（かたち）に、新鮮な魅力を添える」とある。

サド／マゾ　S/M（SADO-MASOCHISME）

「相手は、私をテーブルの上にきつく縛って、道具を用意する一五分のあいだ、固定しておく。鞭打ちは一〇〇回以上、数分間の中断、傷跡をつけはじめる」メニューに書かれた内容に忠実に従うのは、双方にとって、もはや拷問である。そのメニューを書いた人のみが快を得る。精神分析家ミッシェル・ドゥ・ムザンの有名な患者マゾ氏から連想される虐待ほど必ずしもサディスティックでなくとも、サドマゾのシナリオとは、必ず忠実に実行されなければならないプログラムである。ご主人は、われわれが想像しているような人物ではなく、鞭、ラテックス、乗馬用の鞭、鎖、鉄輪などは、奴隷的支配の付属品でしかない。支配する側が、脚本・演出家が求めている筋書きに従う従順な役者である。マゾヒストこそ、残忍な人を容認する真の絶対的支配者であり、サディストを攻め立てる傾向すらある。「マゾヒストは、獲った獲物を放せない犠牲者である」（ポンタリス）。

サドマゾをつなぐハイフン（sado-maso）は、サディズムがマゾヒストのファンタスムと連帯しており、また苦痛を受けて耐えることによる快が、サディストとマゾヒストに対してお互い対称的な満足を与えるという幻想を提供する錯覚に過ぎない。サドマゾの語源をラテン語に求めても無駄である。サディズムとマゾヒズムは、サドとザッヒェル＝マゾッホの文学作品からクラフト・エビングが命名し、組み合わせた用語である。サディストにとって最悪なことは、おそらくマゾヒストに出会うことである。犠牲者が拒めば拒むほど快を得るサドは、「辱められて埃の中を引きずりまわされる」ことがうれしいマゾッホをいじめて喜ぶようなことはないのである『毛皮を着たヴィーナス』（一八七〇年）。

そこから満足を得てしまうために苦痛を苦痛とも感じない。このように、屈服による転覆というパラドクサルな形態を築いているマゾヒストは、最も自由な存在である。「マゾヒストの服従は、敵の秩序を挫き、権威を恥辱的かつ滑稽に受け入れることはその権威をも無力にする」（テオドール・ライク）。フロイトが言うように、「虐待を受けた人は、自分でもそうと気付かずに、他者の手による親切な介入のお陰で暴力を自分に戻すサディスト」なのだろうか。フランツ・カフカは、『ミレナへの手紙』で、「愛とは、あなたが私にとって、この私がわが身を抉るのに用いるナイフである」と書いている。

残酷さ　CRUAUTÉ

残酷さは、セクシュアリティと折り合いが悪い。残酷さは、語源の生々しさ（cru）という語にあまりにも近すぎる。残酷さは冷淡で、セクシュアリティの熱烈さとは調和せず、この両者が結びつくと、醜悪さが生まれる。ジル・ド・レは、殺人鬼で一〇人ほどの子供を殺したが、その記憶は激しい恐怖で縮み上がらせ、長いあいだ有名な実例となっていた。サドが登場すると、その洗練された言葉と、哲学的な装いで、快で体が震えるほどであった。しかし、デュトゥルー事件(1)やフルニレ事件(2)は、サディスティックな快楽が、欲動の氷化、つまり残酷さとさほど関係がないことを思い出させてくれる。残忍な人にとって、他者は似姿ではなく、生身の体の断片でしかない。リビドー*は、温かみを持たせることも、自身の苦悩が快楽の源になる人間に変えることもできないのである。こうした殺人犯が呼び起こす恐怖は、思考を麻痺させる。したがって、非人間的として、拒絶したくなるのが人情である。つまり、殺人犯が犠牲者を扱ったように、われわれも犯人を扱うのである。

（1）一九九五〜九六年にかけて、ベルギーで八歳から十九歳までの少女六名が、「マルク・デュトゥルー」と彼の妻を含む共犯者たちの手によって誘拐・監禁・虐待され、救出された二名以外の少女たちはその後、遺体で発見された事件〔訳注〕

（2）フランスとベルギーで一九八七年から二〇〇一年にかけて若い女性や少女計七人が殺害された事件〔訳注〕

ラクロの『危険な関係』（一七八二年）の美しい主人公メルトゥイユ侯爵夫人の残酷さもまた、欲望とは切り離された同じ冷酷さの中にある。しかし、メルトゥイユ侯爵夫人は、むごたらしさとは無縁で、恐怖感を感じさせないために、理解できる人物像になっている。美しき侯爵夫人は、罪の意識との関係を断つことで、罪悪感を抱かずに好奇心から動物をいじめる子供のような残酷な快を見いだしている。メルトゥイユ侯爵夫人は、この喜びを身体のエロティシズムよりも優れ、高く評価されたエロティックな芸術にしている。というのも、身体が、残酷さをサディズムに変えてしまうような性的欲動から解放されているからである。メルトゥイユ侯爵夫人は、無慈悲で陰険であろうと努めた。「陰険という言葉は、私を喜ばせましたわ。陰険という言葉は、残酷という言葉の次に、女の耳に心地よいものです。」陰険さは、他者の苦痛がオルガスムの快楽をもたらすものではない。それは、仮面ごっこである。サディスティックな快として現われるものは、最高の権力、つまり人を殺す力を持っている。「信じて下さい。子爵さま。女は、他の女に復讐しようとすれば、相手の急所が見つからないなどということはありません。しかも、その傷は治せないものでございます。」

思春期　PUBERTÉ

思春期は、体毛*の生え始める時期である。いよいよ性的に成熟したことを示す体毛*であるが、その訪れはあまりにも突然である。身体は、カフカ的なほど変貌する。なぜなら、新しい特徴を備えて満足なある思春期の人たちに見事に姿を現わしている生殖能力も、見違えるほど変わってしまい、潜在的な危険性をはらんだ身体の恥や憎しみを他の思春期の人たちにもたらすからである。強迫的なマスターベーション、拒食症、過食症、リストカットなどは、新しい身体を支配しようとしてもできない努力を示している。

子供の身体は未成熟であるということが妨げていた近親相姦*が、肉体の変化によって可能になるという点において、思春期はトラウマ的である。スタンダールは、「私は母を接吻で覆い尽くし、しかも、母が着物を身につけていないことを望んだ」しかし、「恋愛における肉体的なものを形作るにあたっては、私は、もしカエサルがこの世に戻ってきたとしたらカエサルが大砲や小火器を用いると同じやり方であった」とも語っている（『アンリ・ブリュラールの生涯』一八九〇年）。火薬を持たない幼児の性愛は、「ファンタスムという形で発散させるしか自由がないのである」（フロイト）しかし、思春期は、持ち札を変える。青少年は、計画を実行に移すことができるのである。すると、近親相姦の障害は、危険にさらされる。その障害が、なくなってしまうのを避けるためには、新たな恋愛対象を見つけなければならない。たとえ、「対象の発見が、実は再発見であり」（フロイト）、エディプス的対象の痕跡が、その痕跡によってまずはじめに作り上げられる人間のセクシュアリティに付きまとい続けるとしても、恋愛対象との出会いはセクシュアリティに根本的な新しさを与える。

思春期は、持っているかいないかというファリックな特性のみにまとめることのできない性差を明るみに出す。確かに少女にペニスはないが、幼児の世界ではまだ知られていない性器的なセクシュアリティの兆しであるような膣は持っている。思春期の課題となるこの女性のくぼみ、そして、膣が秘めている快楽の前触れは、魅惑的でもあり恐ろしくもある。「女の子には、股のあいだに性器があることがわかった。驚きだ！　たまげた！　女の子なら誰でも性器があるなんて！」（フィリップ・ロス『ポートノイの不満』一九六九年）。

嫉妬　JALOUSIE

嫉妬は、女が身を捧げたら、その女は自分のものになるという考えからくるものである（アナトール・フランス）。

嫉妬は、愛することと所有することを隔てている決定的なずれを測っている。嫉妬で胸が張り裂けそうになり、嫉妬にさいなまれることがある。パラノイアは、嫉妬を狂気の言葉に変える。魔法が、強い嫉妬を引き出すのである。

ラテン語のzelosusと、ギリシア語のzelosをルーツとする嫉妬という語は、「思いやりと愛情にあふれた」と、「熱意、対抗意識、欲望」の異なる二つの意味を伝える。ところが、この二つの意味が結合すると、幼児的な情動の源泉によって備給を受けている感情の複合性が明らかになる。つまり、愛することには憎むことが付きものであるということだ。嫉妬を抱く人の旺盛な想像力が、実際はさらに早期から悲劇を絶えず繰り広げてきた。それは、弟や妹が生まれたことで、母親の愛情が奪われ、母乳の満足を横取りされたことによる弟や妹に対する嫌悪という特徴を持つ幼少期である。そこで、両親の性関係が明らかになると、科せられた傷は二倍になる。親に対する早期の愛情を共有する秘密から除外されたことを知ると、その秘密にマゾヒスト的な裏切りのファンタスムを組み立てることをやめなくなる。そして、その後の恋愛の運命において、痛みを伴うような考えを形成していくことになる。ラ・ロシュフーコーは、「嫉妬には、愛情よりも自己愛の方が多い」と語っている。

「俺は疑うのならよく見てから疑う。そして疑った以上は証拠を摑む。証拠を摑んだら道はひとつだ。——ただちに愛情を棄てるか。それとも嫉妬心を棄てるか！——」(オセロー)。シェイクスピアの戯曲の主人公オセローは、デズデモーナの不貞の証拠を得た訳ではないが、心の内の悲劇が、オセローの理性を失わせ、痛ましい結末に至る。自分の欲望の対象を奪われるかもしれないという嫉妬が、父と母と子のあいだで起きたエディプスの悲劇の継承者であるバイセクシャルな三角関係を支配する。この物語の中心では、同性に対する愛情が、抑圧されたものの周辺であるとはいえ、敵対関係の陰に隠れていることを忘れてしまっている。つまり、デズデモーナの向こうにカシオがいるのである。

ヴァランタンは、フィアンセにバラの花束を届けたときに、自分や花束に向けられる他の女たちのぶしつけな視線に驚いたという。「だが、花は、私にはお相手がいるという意味がある」彼は、自分の欲望がひとりの女性にあることを大っぴらにすれば、その他大勢の女性の欲望を刺激することを忘れていたのである。

失敗　FIASCO (IMPUISSANCE)

「失敗は、男の名誉である」(ジャン・ラプランシュ)。目の前を通り過ぎる発情期のメスであれば、相手を選ばず勃起する動物には、性的不能も性機能不全もないという意味が言外にある。それなしでうまく済ませている名誉というものもあるが、自尊心より羞恥心によってこの出来事が逃れがたいものとなってしまう。「だがぼくが沈黙の心の中で、描かなかった喜びが何かあろうか、想像して並べてみなかった体位が何かあろうか。ところがぼくの体は、まるで早死にしたように、醜くも昨夜のばらよりしぼんだ形で横たわった」(オウィディウス『恋の歌』)。

セクシュアリティの言語に失敗という言葉を加えたスタンダールの「もっともわれわれはみな名だたる美人との第一回のときは失敗したことがわかった」という告白がすでにひとつの「説明」となっている。(『恋愛論』一八二二年)。第一の理由は、燃えるような欲望が実現されることの不安である。

第二の理由は、そのことが、近寄りがたい相手と信じていただけに一層真実となるからである。初めての女との一回目は、誰しもダメージなく近親相姦的な目標には到達できないのである。

失敗は、不安にうちひしがれ自分の中に閉じこもり傷ついたナルシスで、それはまさしく自己去勢である。Flaccide《フラシッド》（軟弱）な性器は、flasque《フラスク》（無気力な）とsuicide《スイシッド》（自殺）の両方の音韻を重ねている。女性における失敗は、男のそれとは異なる反応を生じさせる。それは、ひとつの勝利であり、完璧なプレーをひけらかすバルバラのような感じである。「どんな男も、私との最初のセックスはうまくできないわ」彼女には、「こつ」があった。その日の相手を伴い自宅に着くや、彼女はみだらになって、一緒に裸で食事をすることを提案する。その効果が、食欲を失わせるだけではないことは、保証済みである。しかし、たいていの場合、相手を不安にさせる。彼はもう私を欲することはない。私のことをもう愛してなどいない。彼の不安が微妙な変化を引き起こさなくなり、彼女はこの先も絶対に愛されることも、抱きたいと思われることもなくなってしまう。世界中の愛が失われてしまうのである。

男（と女）は、失敗から立ち直る。だが、永続的に不能に陥ることもある。性的不能者に災いあり。浮気をされた夫のみならず、「夫は、生理的不能を理由に、子供の認知を拒むことはできない。」（民法典三一三条）ために、自分にほとんど似ていない子供を育てるはめに陥ることもよくある。

出産（避妊）　PROCRÉATION（CONTRACEPTION）

時代は変わった。出産を回避する手段の合法化を目指した闘いを繰り広げたのはわずか一世代前の人たちである。それは、自分たちの活動が高いつけとなっていたフェミニストと呼ばれる女性が、自由という名のもとに挑んだ長くて困難な闘いであった。フェミニストが耐え忍んだ侮辱*や恥辱はいかばかりであったことだろう。

こんにち、予期せぬ逆の闘いが起きている。どんな手段を使っても、どんな形であってもいいから、子供がほしい。生理学が拒めば、生理学を従うようにさせる。閉経によって時間がそれを許さずとも、時間をねじ曲げる。妊娠は女性だけのものであり性別の壁が立ちはだかっても、人の欲望に限度を強いることができず、性別をも従わせる。このようにして、出産の手段は、避妊のそれよりも創造力に富んだものになった。出産の制限や、家族計画にあたっては、コンドーム、避妊リング、ピル、人工妊娠中絶があれば充分であるが、出産の手法は、年々増え続けている。卵巣を「単純に」刺激するものから、外部のドナーの有無を問わない人工授精、父親やドナーの精子の処理を施すものも施さないものもあるが、試験管受精、妊娠できない女性や今のところは妊娠できない男性のための代理母に至るまで、拡大しつつある要求を刺激する発明に終わりはない。

こうした行き過ぎは、必ずしもつらい現実を隠すことにはならない。出産できないということが、精神の不調の徴候として現われることがよくある。精神の不調によってもたらされる苦悩は、自分が妊娠するというファンタスムと妊娠に関わってきた欲望（あるいは非欲望）のファンタスムを目覚めさせるのである。

父親になれないかもしれないという男性の去勢不安や、到達不能な子供を産みたい欲望と女性の性愛のあいだで生じる男性と同じくらいに不安な女性の葛藤が、しばしば精神分析家の診察室へと足を運ばせることになる。

受動性（能動性）　PASSIVITÉ（ACTIVITÉ）

古代ローマのパトリキは、女性や青年、奴隷を相手に自由に性行為ができたが、自分自身も口や肛門など開口部への性行為に従わなければならなかった。それは、恥辱であった。古代ローマ時代に、受動の役割をする行為はimpudicitia（ふしだら）と呼ばれ、罪とされていた。受動性は、昔から社会的、政治的、イデオロギー的に能動性よりも価値が低いと見なされてきた。歴史や文化に応じて罪の内容が変化することはあっても、セクシュアリティが罪に問われないことはない。フロイトも同様で、性生活が性器的生活になるとその途端に、受動と女性を密接に結びつけてしまうような傾向があると主張している。アグラエは、「男に浴室の壁に押し付けられたい」とみずからを受身の立場に置き、無理やり裸*にされレイプ*される火酒のようなファンタスムを抱くことを気にかけない。

受動性は、女性性やマゾヒズム、抑うつと同一視され、評価が低い。受動と被支配とのあいだにある方程式に従わないことは難しい。しばしば受動性が対象になっている抑圧は、初期の性的な経験に根を張っているかもしれない。（性別に関わらず）子供は、「性的なおもちゃ」でしかなく、腕の中で揺すったり、抱きしめたりすることで「その子供の性生活の感情を無意識のうちに与えている」。「幼少期の性的活動は、当然のことながら受動の性質を持っている」（フロイト）。初めての欲望は、欲望の対象になることである。

娼館　BORDEL

通りに面して、二重扉と鎧戸で閉ざされているが、ランタンと赤で大きくかかれた番号が人目を引く娼館、そこへの立ち入りを許される男だけに、巧みに構成されたエロティシズム*を約束する。娼館では、何もかもが整然としている。そこに関与している欲望は演出されることで成り立っている。女経営者は、控え室で客を迎えると、値段を告げ、大広間に通す。鏡とシャンデリアできらびやかに装飾された大広間では、裸であるかあるいはガーターベルトとハーフブーツを身に付けた女性たちが、色目を使って客に言い寄る。彼女たちは必ず身を任せ、何も拒むことはないのである。

娼館を生んだのは、他ならぬ国家であった。十九世紀初頭、セックスとその行き過ぎが、新体制に影響を与えることを恐れた国家が「フランス初の売春の仲介者」になったのである。梅毒の感染の恐怖から建てられたこの閉ざされた家は、その対極にあるブルジョワのサロンの様式に大いに従うものであった。

娼館では、そこが娼館であることを除けば、まるで家族である。代金を払いさえすれば、客は奇妙な取引を提案される。客は、国家、警察、軍の甘い監視の下、いつも彼にとって開放的なこの家の本当の息子のように、おかみさんとも、「お母さん」とまで呼ばれる夫人から「従順な娘たち」(「妹たち」?)を与えられる。この場合、制度的に、父側の従属的意味については、明らかにする必要がなくなっているほどである。プルーストは、『花咲く乙女たちのかげに』(一九一九年)で、主人公にお気に入りの娼館に、亡くなったばかりの叔母の形見のソファー、肘掛椅子、カーペットを提供させ、彼女の縁(1)(bord d'elle)の倒錯的論理に至っている。けれどもその家具類が娼館におかれ、そこにいる女たちに使われているのを見たとたんに「死者を他人に凌辱させようとも、これ以上つらいことはなかっただろう」と、それ以来、主人公は二度とその娼館に足を向けることはなかった。

(1) bord d' elle〔彼女の縁〕とbordel〔娼館〕をかけたもの〔訳注〕。

娼館の成功と失敗は、息子たちに与えたこのような倒錯した提供に負っている。十九世紀のあいだに、娼館は逸脱したセクシュアリティを処理する場となり、中でも、のぞき趣味〔窃視症〕は、旗印のようになった。

現代では、スパ、サウナ、ビュッフェ形式の食事と女性が自由に選べるエロスセンターが、かつての娼館に取って代わった。バルザックの小説に登場する無駄遣いをしないブルジョワの子孫は、無制限に性を消費することを渇望する商人となった。ケルンのある売春センターでは、「お好きなだけ、体が持つ限り、お好きな相手と」とある。

小児性愛　PÉDOPHILIE

セクシュアリティの〔病気の〕用語の中でも、小児性愛は、現代的な用語である。小児性愛の文字は、どんな新聞でも第一面を飾るようになった。このような現象をどう説明したらよいのだろうか。今の時代にマルク・デュトゥルー〔残酷さの頁を参照〕的人物が、かつてのジル・ド・レ(1)より多く存在すると考えるべきだろうか。もうひとつの仮定が存在する。セクシュアリティの領域で、許可と禁止を区別するのが、過去の社会であったし現在の社会でもそうである。古代ローマ人は、能動側と〔禁止された〕受動側のあいだの境界線、さらには、生殖に従って秩序づけられたセクシュアリティと「道徳に反した」セクシュアリティ〔姦淫*や同性愛〕のあいだにあるキリスト教的世界を越える存在であった。時代と文化により、能動側と受動側がそれぞれ何を分担するのかという項目は、無限にある。西洋においては、子供を除き、むしろ「何もかもが可能で、何もかもが許される」時代なのかもしれない。集団的興奮は、ひたすら時代の変化についていくことを求める。だから、身体と精神を興奮させるためには、禁止されるものは何ひとつないのだ。

(1) ジル・ド・レ(一四〇四〜四〇年) フランス西部ブルターニュ地方ナントの大貴族。百年戦争中のオルレアンの戦いでジャンヌ・ダルクを軍の総司令官として支援しフランスの英雄となる。手下を使って、何百人ともいわれる幼い少年少女たちを居城マシュクール城に拉致、虐殺した。少年たちの首を切り取り、噴出する血液を見て興奮、自慰に耽った。一四四〇年十月二十六日三十六歳で火刑。シャルル・ペローの童話「青ひげ」のモデルになったと言われている〔訳注〕。

新たな情動は、幾人かの精神病質者にとどまることは難しいだろうと推察される。カトリック教会は、それを苦い経験によってまさに学んでいるところである。カトリック教会は、「子供に触れてはいけない」とまで言うことになるのであろうか。スウェーデンでは、先手を打って尻たたき*を禁止した。つい最近、テレビのニュース番組で、「乳児に母乳を与え、世話をする母親の愛は、成長して思春期を迎えた子供に対する愛情よりもずっと深い。乳児に対する愛は、満足感に満ちた恋愛関係の性質を持ち、すべての心的な欲望のみならず、肉体の欲求をも満たす」と語った精神分析家がいる。この精神分析家が、フロイトが一九一〇年に『ダ・ヴィンチの思い出』の中で書いていることを引きあいに出すには、さぞかし勇気が必要であったことだろう。

少女にとって最も克服し難いものは何であろうか。父親の目の中に自分が欲望の対象とされていることを読み取ることであろうか、それとも何も見抜かないことであろうか。原初の愛の誘惑は、ふたつの暗礁のあいだを航海する。誘惑が、あふれるこぼれるくらいであっても、不足しても、ダメージを免れるところはできないのである。

情熱の犯罪 CRIME PASSIONNEL

情熱の犯罪と言う表現は、撞着語法[1]的でもあり、自明の事柄でもある。いかにして感情が犯罪になり得るのかというのが、撞着語法的である。その一方で、あらゆる犯罪は、感情の結果であるので、自明の事柄であると言える。愛情、金、権力は、殺人の動機としても不条理としても、よく見られる。ところが、裁判所で取り上げられた情熱の犯罪は、恋愛感情による案件のみである。昔ほどではなくなったとは言え、恋愛の狂気のみが、与えられた苦しみやつらさを和らげることができる。同じ感情でも、金銭欲や権力欲は、事態を和らげるのではなくむしろ悪化させる。愛情のもつれによる殺人の特殊性は、おそらく古くはオイディプスの恋愛において、恋愛感情と殺人が結びついているところに由来する。

（1）「賢明な愚者」「黒い光」など、通常は互いに矛盾していると考えられる複数の表現を含む表現のことを指す〔訳注〕。

息子は、父に向って言う。「パパは戦争に行って死ねばいい！　そうすれば、ママと結婚できるから」「私がこの女をどれほど憎んでいるのかわからないでしょう」部屋に入ってくる母親を見ながら、小声で親友の女の子に耳打ちする。子供が、罪な考えを口にすることはめったにない。出生の秘密を知らない養父母に育てられ、三叉路で自分の父親と知らずに老人を殺し、そして母親と知らずにイカオステを妻にしてしまった、オィディプスのような「チャンス」が、子供たちにはないのである。人は、ファンタスム*か少なくともファンタスムの実現を諦めるしか道はない。しかも、このファンタスムは、道徳的意識がそれを認めないように形を変えたものでなければならない。さもないと、忘却の彼方に葬られてしまう。

中にはそこまで到達しない人たちもある。子供のように情熱的に愛するが、絶望に襲われればやはり子供のように悲劇的になってしまう。生死に関わる事件になり、ファンタスムが形を変えずに突然現われる。ファンタスムは、思考になり、企みになり、行為になる。これが、殺人または、自殺になり、その両者になる場合も多い。オセロはデズデモーナを殺し、自殺した。ゴローはペレアスを殺しメリザンドを死に追いやり、みずからの死を予言している。他にも、こうした例はどれだけあるのだろうか。

処女性（処女喪失）　VIRGINITÉ（DÉPUCELAGE）

「アンジェリックは、無垢の清浄さと汚れなき雪のような肉体を備えていた。厳しい寒さは彼女を取り巻く高らかな処女の神秘的な歓喜をも凍らせていた」エミール・ゾラの『夢想』（一八八八年）のように、処女性――語源上は、若い娘の状態――を純粋さや無垢に結びつけることは、時代遅れと思われるかもしれない。二〇〇八年には、アメリカの二十二歳の女性が、自分の処女をネットオークションに出品した。純粋で罪のない女性に対する魅惑を通して、性的に危険な女性への恐れが明らかになるのではなかろうか。ゾラの別の小説（一八八〇年）に登場する、男を破滅に至らせる高級娼婦の主人公ナナは、その典型である。男の視点からすれば、女は、本性上、不純である。蛇の誘惑に負けて、男を堕落に導いたのは、最初の女であるイヴではなかったか。聖ヒエロニムス*は自問している。「全能の神は、堕落した処女を立ち直らせることができるだろうか。それは疑問だ。」

先祖代々の女性に対する畏怖は、女性の神秘性から生まれた。フロイトは、『処女性のタブー』（一九一八年）の中で、「永遠に不可解にして神秘的、異様でそれゆえに敵対的に見えることにその根をもっているかもしれない」と述べている。このような恐れは、原初的な社会においては、処女喪失が、未来の夫以外の男に慎重に任されるという事実で現われる（南インドのトーダ族）。ファンタスムのレベルでは、女は男を弱くする力、さらに女性性によって堕落させる力を持っている。去勢コンプレックスを引き起こす女を前にした男の恐怖を表わす歯のある膣（ヴァギナ・デンタタ）の神話は、このような恐怖によって生まれたのである。

女性に対する恐怖の念が消えることはないにしても、風習は大きく変化した。こんにち、処女でなくなることは、もはや過ちではなく、義務である。もっとも伝統的な社会は、この変化を完全に逃れている訳ではない。結婚を控えた女性の処女膜再生といった新たな医療分野の隆盛が、それを物語っている。

尻 CUL

Cul《キュ》（尻）、子供たちを大いに笑わせるこの奇妙な語は、全体の力としては、謎である。尻とは、背中の下、臀部、肛門という意味の他に、へんぴな場所、猥談、ポルノ映画、特徴的な背中の反り、セフレ、袋小路、間抜け（ばか）、高望みをする、猫かぶり、八つ当たり、侮辱、ひともうらやむ幸運といった意味にも用いられる。この男性普通名詞は、部分で全体を表わすような換喩に使用される。セクシュアリティの分野では、この曖昧な用語は、他のあらゆる言葉を結びつけ、その結果、その分野の第一人者として姿を現わす。ルー・アンドレアス・ザロメは、肛門の隣にある膣は、排泄口と混同されるところに「間借り」しているにすぎないと述べている。

尻は性器の裏側にあるのに、何事も尻が基本であるかのようである。言葉においても（「尻の話をする＝セックスの話をする」）、巧みに隠そうとしても、人がそれなしで済ますことのできない原初的な基本になっている語である。フロイトは、開口部という最も私的な（生殖器の）ものに忍び難い公開性があることを認め、リビドー発達における「肛門期」の役割を明らかにした。括約筋の学習という側面と、粘膜の刺激、さらに排泄や破壊、また逆に、保持したり、こらえたりも可能になるという事実に関連した性的快楽の面もある。肛門期は、よそよそしさの最初の境界になる。この段階は、性器への接近、性差の表われに先立つ段階で、男女は、性的なものに接していながら、暗にこのレファレンスを共有しているのである。生産された対象は、タブーである「うんち」であり、秘密の宝物といった価値から引き離すことはできない。心配性で便秘症の人は、けちであるとも言われる。その他の生産物の中でもたとえばおならは、それが他人の尻から出たものは耐え難いのであるが、自分のものであれば、不思議なことに嫌悪感はない。

禁止は、欲望の大きさに比例することが多い。女性の処女性が強く求められる文化においては、肛門性交で処女膜を保護することができる。最も厳格なセクシュアリティは、「妥協」を知っている。

尻たたき　FESSÉE

ジャン＝ジャック・ルソーは、八歳のとき尻たたき、つまり「子供への罰」を体験した。その体験によって、「同じ手によってもう一度それを味わいたい欲望のほうが、同じ痛みを味わう恐怖よりも強くなった。おそらく、早熟な性本能のようなものが、その体験に混じっていたのであろう」という考えを持つに至った。脅威が約束になり、「尻の皮膚の痛い刺激」が、探求と希望となるが、すぐに失望に変わった。ジャン＝ジャックに加えられた二度目の尻たたきは、それが最後となった。体罰によって芽生えた感覚に気付いたらしいランベルシエ嬢から、もうこんなことはしないと告げられたのである。「そしてそれ以後は、大きな男の子として扱われるという、かくもがなの名誉をいただいたのである」と語っている（『告白』一七八九年）。

尻たたきは、体罰と官能、痛みと快が混同されることによって、大人にとっても、サドマゾ的な性的な遊びとなる。手のひらのくぼみは、尻の丸みに出会うのを待っているかのようで、誰しも「尻は手の平のうちにとどめておく」（レーモン・クノー著『青い花』一九六五年）のではなかろうか。

尻たたきは、むき出しの尻に対して行なわれる。ズボンを下ろしなさい！　スカートをまくり上げなさい！　というのが、尻たたきの前段階である。『ファニーとアレクサンデル』（一九八二年）のイグマール・ベルイマンの国、スウェーデンでは、教育と倒錯を結びつくことにきわめて敏感で、その種の含みのある言葉の使用を禁止した。

ジャック・セルギーヌは『尻たたき礼讃』（一九七三年）で、フェティシズムの傾向のある性的な儀式を描写している。念入りに定められた演出は、享楽が快に勝るように、遊びに勝るのだ。そうなれば、尻たたきは単なる子供の遊びではなくなる。叩く者の年齢がいくつであろうと、叩く相手はつねに「子供」ではないだろうか。

Fesse《フェス》（尻）は、fissa《フィサ》（割れ目）に由来する。割れ目や穴は、女性の印でもある。男にも女にもしばしば見られる「子供がぶたれる」（フロイト）というファンタスムの分析は、解剖学上の性別が何であれ、（鞭を持つ）父親によって叩かれる／挿入*される「少女」のファンタスムであることが明らかになっている。

神秘的エクスタシー　EXTASE MYSTIQUE

「私は天使として生きる。彼の手には長い金の投槍。鉄でできた先には火がともっていた。その槍で幾度となく私の心臓を突き刺し、体の奥まで差し込んだ。槍を抜きながら、内臓も一緒に持ち去ると、神の偉大な愛の炎に体全体がつつまれたように感じた。」偉大な天啓を受けた人物たちが誰もそうであるように、アヴィラの聖テレサの体験したエクスタシーは、ローマのベルニーニの彫刻に表現されているような、快感が絶頂に達する恍惚感であった（コルナロ礼拝堂にある彫刻『聖テレジアの法悦』ジャン・ロレンツォ・ベルニーニ作、一六五二年）。エクスタシーという言葉は、オルガスム、激しい快を意味し、ある種の肉体的な痛みも伴う。「死にそうになり、神に助けを求め、叫び声を上げる」このように神話に書かれたものの性的な次元は、まったく隠喩的なものではない。禁欲*は、それによって消えるどころか何倍にも増大する欲望のしるしであって、「不純な空想*」と同じように、それだけで、体全体を燃え立たせる心的現象の力を示している。

　なぜなら、神秘的エクスタシーとは、「神との真の結合」を実現するものであり、「その愛で心臓をえぐられた偉大な神によって、魂が所有されんことを望む」（十字架の聖ヨハネ）いわゆる自己所属感喪失だからである。神秘的エクスタシーに近づく人間はいるが、この享楽*の極端さや、享楽によって刺激される絶対的受動性*によって、さらに一層のオルガスムの女性的表象がもたらされる（ラカン）。

　そこに、幼少時代の理想化された両親との結びつきといった無意識のファンタスムを読み取ることもできるのではないだろうか。子供にとって両親は神のように全能の存在であり、見捨てられた状態にさらされた乳児（あるいは悔悛者）を満足させることのできる唯一の存在である。何者にも勝ると言われるこの結びつきであるが、――「神を享受せよ。おお、それはなんたる喜びであることか」（ヤン・ヴァン・ルイスブルック）――神秘主義は、厳格な禁欲主義や一連の苦行を引きかえに喜びを手に入れることを強いる。マゾヒズムは、そこで分け前をあずかり、痛みを快感に変える。「苦悩は、そこに最も貴重な宝を探し求めると、苦悩そのものが、最大の喜びになる」（リジューの聖テレーズ）。

頭痛　MIGRAINE

「頭痛がするの」そう言われたら、ただ黙って従うしかない。お願いだから、ドアとブラインドを静かに閉めて、時計の振子は止めてほしいの。夫は、つま先歩きで退室を命ぜられる。追い払われた男の欲望は、最後の悪あがきができるのだろうか。わずらわしい夫の情熱に対して、妻は近寄りがたい頭痛というかぶとを身にまとい、絶対的な体調不良で応戦する。頭痛は、難攻不落である。頭痛は、「夫のあらゆる欲望がぶちあたって息をひきとる楯」（バルザック『結婚の生理学哲学』、一八二九年）なのである。

十九世紀、頭痛は夫が結婚に支払う税金と見なされていた。その代償を払ってもなお、男が自分の妻と肉体関係を持てるかどうかは定かではない。女であることや、か弱さの絶対的な力が、不幸と言えるのか男にとっては疑わしい。なぜなら、妻の頭痛は、好きな時に、好きな場所で始まり、好きなだけ続くのだから。妻には頭痛という武器があり、夫はかっとなる。妻の尻に敷かれることを恐れているなら、男性の優位性など、去勢する女性の襲撃を受けるまでもない。女が拒絶すればそれで充分なのだ。

現代のカップルは、互いの快を約束することによって結ばれた「パートナー」である。女性的な狡猾さによって鍛えられた、不幸な結婚をしたブルジョワの妻の災禍は、夫にとって恨みというより笑いの種である。

妻「今夜は勘弁してください。頭が痛くて」

夫「わかったよ。別に気にしなくてもいいよ」

こんな女性のまことしやかな芝居は、もうなくなったのだろうか。八〇年代の有名なアメリカ映画『恋人たちの予感』で、男は自分がベッドを共にした女は皆満足していると自負している。女の表情を見ればわかるという。サリーは、うぬぼれ屋の疑り深い仏頂面の男とサンドイッチにかぶりつくシーンで、オルガスムスの振りをする。女性は、苦しみを装うように、肉体の欲望と快楽を装うことができるのであろうか。時代は変わって、男性の苦悩は、頭から下半身に移動したのである。

ストリング（女性の下着）　STRING（LINGERIE FÉMININE）

モニカ・ルインスキー事件は、風前の灯であった。ただし、その灯というのが、ローウエストのパンツに乗じて見えてしまったミニショーツのひもだったのである。この事件によって、何でもない布の切れ端が、男の権威を台無しにしてしまうほど大きな存在であることがわかった。世界一の権力者は、女性の腰の線へと身を持ち崩し、命取りになるような苦い経験によって、そのことを学んだ。男心を捕えるランジェリーの時代にあって、愛の神エロスは、矢を射る代わりに、ひもを引くのである。ストリングとは、前の部分が三角形で、後ろは細いひもだけでお尻を覆わないタイプのミニショーツである。敢えて最小限にとどめることで、ストリングが際立ってくる。見えないから想像する。女性の慎みこそが、スキャンダルを引き起こす。この下着は、秘密の場所を申し訳程度に隠しながら、実はその秘密の場所をむき出しにする。私生活を公共にさらけ出す時代にあって、ストリングは、下着のみだらなアバターであろうか。表面上はそうである。だが、本質的には、ストリングが人を誘う動揺というものは、女性の下着のエロティックな力を利用している。女性の下着は、隠しているもの、最良のものを推察させるために下着が隠し持っているものを見せる。バルザックは、「女性は、すべてを示すことができる。それでいて何ひとつ見せているわけではない」と語っている。このような女性がエロティシズム*を巧みに回避する技に関して、個人的な装いというものは、視線を惑わせようと、だましたり、目をくらませたりする劇場である。ルネッサンス時代に、カトリーヌ・ド・メディシスが brides-à-fesses と呼ばれる下着を保護すべき性器の代わりに視線にさらしていた。十九世紀に、この下着が、股下の部分で両足に分かれたズボンの形で復活すると、「慎ましいパイプ」と呼ばれ、それを身につけることによって、腰より高く足を上げることが可能になり、カンカン踊りを成功に導いた。下着類が見えるものとして人の目にさらされるようになり、「公衆に開かれた閨房」と呼ばれるショーウィンドーの中で婦人たち（といくらかの男性たち）の喜びになっていった。

目の喜びが、女性の下着の終点であろうか。男のフェティスト的な眼差しなら、そうであると確信するだろう。だが、ランジェリーの衣ずれの音については沈黙だろうか。軽く音を立てるにしても、はっきりと音を立てるにしても、肌と布地のあいだには、女性の秘められた享楽*がとぐろを巻いている。かつては、あまりの暑さの中で通気性もなく女性たちが閉じこめられはしないかという恐れを引き起こしていた下着が、今では触覚が喜びとなり、第二の肌のように優しく触れるサテン下着に対する情熱を抱かせている。人には快を分け与えなくても、自分には快がある。ジェーン・バーキンは、ささやく。「上品な下着は、心の奥に身に着ける／絹のストッキングのように繊細なもの」。

スワッピング　ÉCHANGISME

スワッピングという言葉からは、パートナーを交換して行なう性行為が連想される。クロード・レヴィ＝ストロースによれば、スワッピングとは、あらゆる社会構造の基礎である一般的な交換原則を特異な方法で転用したものである。近親相姦と部族間の結婚の相互性の禁止は、親族の規則を定めるものであった。伝統的にも、「女は財産であり……最高の贈り物であった。男たちは、女を交換しあっていた（『親族の基本構造』一九四八年）。

偽りの平等主義である性的交換の理論は、今度は、新しい装いのもとでの男性支配の維持でしかなくなってしまった。男性だけが、あるいはカップルが、ブルジョワの結婚によって二分した性、つまり法的な妻とは子供を作るためで、娼婦や愛人*とは楽しみのためというように、それらをひとつにまとめる思いがけない方法を見いだして、性的交換の信奉者となった。しかし、この物々交換の問題点は、同じ女性を共有することが、男性間の無意識の同性愛の関係になるのではないかという点である。（ジョルジュ・ドゥヴェルー）

スワッピングの語源は、「代償と引き換えに譲歩する」ことである。それが、現代資本主義社会における性的かつ経済的な自由主義に付随する進展を示すに至ったのである。そこから、まるでモノでもあるかのようにパートナーを交換し合うに至るまでは、ほんの一歩である。マルキ・ド・サドは、交換できる匿名の性器に個人が完全に単純化されるような倒錯的ユートピアとして、そのことを予測していた（『閨房哲学』、一七九五年）。

一九六〇年代の性的革命を継承したこの新たなセクシュアリティの形態は、不倫が違反であるという意識をしりぞけてしまうが、スワッピング支持者には華美な自由を与えるものでしかない。スワッピングをする人たちに嫉妬と罪の感情がないというのは、幻想であろう。むしろ他者の不貞によって覚える恐怖や、他者を喪失することによる恐怖が、この特異な行為を命じるのである。このことは、参加者の認めるところでもある。窃視者、露出症者、妻を寝取られた男、浮気をする人、従順な人、威圧的な人のどれも諦めずに、あらゆる立場に立つことで、本人はいかなる場面からも締め出されることはないという幻想を、つまり、みずからの始まりであるこの『性夜』という幻想を自分に与えることになる。その場面ではすべての人が間違いなく不在なのである（パスカル・カニャール、二〇〇七年）。

性感染症（エイズ）　SEXUELLEMENT TRANSMISSIBLE（SIDA）

ローマ法王ベネディクト十六世は、世界で最もエイズが流行しているアフリカに向かう機内で、コンドームに関するカトリック教会の立場について記者から質問され、コンドームの使用は、セクシュアリティの目標や目的を、快と享楽のみにしてしまうという批判に行き着いた。カトリック教会は、通常は避妊に批判の立場を表明しているが、さらに補足的に以下のような警告もしている。コンドームは、解決策にならないばかりか、むしろ問題を生じさせる、つまり、感染を拡大させてしまうと言うのである。しかし、一般常識に照らせばばかげた話である。コンドームを解決策にしてこなかった医学の合理性を持ち出すまでもなく、神学的思考とひそかに堅く結びついた発言なのである。神学的というのは、セクシュアリティは病気であり、つまり、人の起源（人は誰しも性夜があって存在している）を、人の堕落、あるいは伝染病、原罪などと混同するような病気であるということである。このような災いに対しては、ふたつしか解決策はない。貞節と禁欲*である。エイズのお陰で、地獄は生彩を取り戻した。それどころか、エイズは自然に反した肛門性交によってのみ感染すると信じられたのである。

性感染症の独創性は、医学的ではない点にある。確かに、性交渉によって、細菌とウィルスが伝播する。だが、それなら、呼吸している空気も同じことである。性感染症は、文化や時代しだいで変化することはあっても、つねに禁止の刻印を伴っているセクシュアリティの特殊な位置に由来するが故に、むしろ社会的なものであると言える。梅毒は、姦通したブルジョワに対して罰を科し、エイズは、地獄のようになった限りない性生活に地球規模で懲罰を与えるものである。

精神分析家は、「うっかり忘れた」コンドームとエイズの検査結果を待つ不安のはざまに立たされた若者たちの性に関する話を聞かされて、性と死の古代的な共犯関係の現代版にただ驚くことしかできない。「なぜなら、私たちが人間として、死という暗い展望の中で生きており、エロティシズムの激しい荒々しさを、すなわち絶望的荒々しさを知っている」（ジョルジュ・バタイユ）からである。小さな死は、オルガスムスをレクイエムに変えるのである。

性感帯（Gスポット）　ZONE ÉROGÈNE（POINTG）

このほどロンドンのきわめて厳粛なキングス・カレッジで実施された学術調査で、Gスポットとして有名なグレフェンベルグスポットは存在しなかったことが明らかになった。骨が折れるだけで実りのないGスポットの征服に翻弄されていた男たちにとってはほっとする結果となったが、ネットフォーラム上に投稿された憤慨したコメントを読む限り、怒っている男たちもいるようである。女性のセクシュアリティの聖杯の位置を突きとめたと自信を持って断言する男たちがいる。つまり、憤りの中で、男女平等と男女の連帯さえも確かめることができるわけである。Gスポットに反対する人たちによって議論は進められていくが、それでもGスポットは亡霊のように、センセーションを巻き起こし続けるように思われる。

すべての努力が無になってしまうのか……。一九八〇年代にGスポットの存在を普及させていた性科学者ビバリー・ウィップル博士は、即座に調査結果を再検討した。その結果、「Gスポットは生まれつきあるものではなく、見つけるもの」と述べている。女性、さらに男性に出された「Gスポットを探し当てましょう！」という指令があると、それによって周囲を取り囲まれるような女性のセクシュアリティを局地化し、ほんの小さな器官、点でしかない場所に女性のセクシュアリティを凝縮するのである。

Gスポットか否か、論議は別のところにある。性に関する問いは、ともかく解剖学的に解明できるほど単純なものではない。あらかじめ決定されたゾーンなど存在せず、体が全体として、性感帯になり得るのである。多形性の特徴を持つ性の運命は、性的興奮をそそる場所は、うなじ、背中のくぼみ、耳たぶ、（乳児が大好きな）足の親指からエスキモーのキス*で知られる鼻の頭に至るまで、さまざまなところに宿り得る。性的興奮をそそる場所が、無限に増えることもフェティシズム的に限定されることもある。変わった部分も含めて体の部分は、どの部分であっても他のどの部分よりも好みのスポットになり得る。その対象は、足首から下（ブニュエル『黄金時代』一九三〇年）や髪*（モーパッサンが『髪』で新たに対象に加えた）、鼻のつや（フロイト）といったものまである。ヒステリー患者の冷感症*では、逆に、伝統的な領域を追い払い、性感帯の興奮を広げている。ある若い女性は、「私の体全体が性感帯なの。胸と性器は別」と主張する。

性教育　ÉDUCATION SEXUELLE

「赤ちゃんは、うんちみたいにできて生まれてくるの」という娘ルーシーの言葉に面白がるというよりは、動揺した母親は、子供に本当のことを言おうと決意した。意味がないと思われる不明瞭な説明を避け、科学的な映像を使うことにした。娘に「自分たちの」妊娠中の超音波検査写真を見せた。写真は、娘に誤りを悟らせることができるに違いない。まさしく、ママのお腹にいるのは赤ん坊である。写真を見たルーシーは、「お腹の中は、真っ暗」と言った。

性教育は、時代の流れとともに定着してきた。子供たちの成熟にふさわしい説明をすることが、健全な発達のために必要である。敏感な子供に悪影響を及ぼさないように、性に関する言葉は口にしないという、とり澄まして秘密めかすという時代ではなくなった。かつて、純真さの保証となるものとして強いられていた無知は、今では、神経症的な障害、性的虐待、望まない妊娠、性感染症など、内的、外的な危険をもたらすものと見なされている。大人のためのセクシュアリティに関する教育活動は、「性科学」と呼ばれるもので、知識とみなされるような徳に立脚している。知識が、解明し、予防し、治療になると信じたい。性に関する知識は、もはや危険なものでも、堕落させるものでもない。誤った考えをもたらすことなく、与えられ、受け入れられる。何をおいても知識が肝心である。

甘美な幻想は、それは、単にわからないからでも、性欲動は教育できないものであるからでも、頭の中で抱くものでしかないからでもなく、性に関する知識を探求することそのものが性的なので（「好奇心は身の破滅」）あって、それは、言うまでもなく性科学的な「探索」である。したがって、このような「教育」の魅力によるものであっても、性に関する知識の探求には、葛藤と危うさが伴う。なぜなら、性教育が、明確にしようとしているよどんだ泉を汲んでしまうからである。性教育は、必然的にその目的を失ってしまう。教育した分だけ形を変える。一片の光をさす度に、影の部分が生まれる。ルーシーや子供たちは、親を安心させる振りをして、「キリスト教を強要されても、こっそりとかつての偶像を敬い続ける未開人」（フロイト）のように反応するのである。

性行為の体位　MISSIONNAIRE, LEVRETTE, 69

詩人、アンドレ・ブルトンとポール・エリュアールのもとに集まったシュールレアリストのグループは、それぞれの性的嗜好や好みの体位について打ち明ける「真実ゲーム」をしている。詩的な回答は、ほぼ全員一致で69である。体位の増加において何が問題になっているのかをこれほど巧みに表現できるものはないだろう。本来の意味での交尾、性行為は、「愚かにも」自然（性的本能）やその機能へと向かわせる人間のセクシュアリティを危うくする。体位の振り付けは、生殖から快の追求へとその用途を変えた。69は、文字通り、メタファーが奇妙に逆転した性交である。

カトリック教会は、下の方、つまり地獄で起きていることを見過ぎたり、知り過ぎたりしない最良の方法として、男女が向かい合う体位のみを強要し、この罪深き空想をうまく収めようとした。司祭は、未開人の性生活を教会の方針に従わせようと、はるかかなたの国々まで教えを広めた。おそらく「宣教師」という語は、あふれる純粋さを楽しんでいたある未開人の口から出てきたのであろう。

鷲、酔った船、一輪車、スプーン……。性生活は、まるで体操の授業である。数ある中で主な体位に絞って説明することにしよう。フランス語で牡のグレーハウンド犬と呼ばれる後背位は、イタリアでは雌羊（alla picorina）、カーマ・スートラでは牛の結合（Dhenuka）と呼ばれる。ラテン語では、野生動物のやり方（more ferarum）と表現する。

「すごい女性」という意味のある Mulier super virum は、世の中の家父長制を逆さまにしかねない程のすごさで、多くの文化で禁止された結合の体位である。古代ローマ人だけは、その体位を禁止することをしなかったのであるが、フレスコ画によってその事実を確認することができる。フレスコ画に描かれた絵は、女性支配の脅威を微塵も感じさせない。それどころか、古代ローマ時代には、パトリキたちはベッドに寝ながら食事をしており、ひとつの快がまた別の快を呼ぶので、坐位の雌馬（equus eroticus）は、これがなくては様にならないように思われていたのである。

性的解放　LIBÉRATION SEXUELLE

性的解放は、一九三〇年代にコンドームが商品化されたことに伴い、セクシュアリティと生殖を分離することから始まった。第二次世界大戦中におけるＧＩの指令は「入れる前に忘れずにつけなさい」であった。その後、発明された避妊リングと経口避妊薬（ピル）も加わり、女性の性革命がもたらされることになる。

六〇年代になると、大きな転機を迎え、公衆の面前にさらすことによって、セクシュアリティを露わにすることになる。通りで抱き合うようになり、足を見せる服装が出現する。服装の変化を思想が追いかける。そして、文学のように映画にも検閲が行なわれるようになる。神は女性を造られた。それは解放とはまずは女性の解放であるからだ。

　露出の多い服を身にまとったクレモンティーヌは、それを脱ぎ、自分の身体をさらし、その身体の持っている誘惑を楽しんで、あふれんばかりの夏の喜びを歌っている。ただし、クレモンティーヌは冷たい。彼女が見せるものは、「他人が手にすることのない」ものである。

　セクシュアリティは、解放され得るものであろうか。マスター＆ジョンソンと、そのオルガスムスクリニックは、性的身体である前に、心的身体であることを忘れて、快感を得る機械にすることによって戯画的になった身体に対する関係の象徴となっている。

　解放すべきであったものは、規範性と順応主義が支配的な社会的命令に形を変えたものである。ユーモアにあふれる文化人類学者マーガレット・ミードによれば、十九世紀の倫理は、女性に「働き、節約し、肉欲を諦める」ことを命じていた。女性に出された「解放的」というよりもさらにカテゴリー的な定言命法は、「幸せであれ、満足しなさい、楽しみなさい」である。少なくとも前者の「働き、節約し、肉欲を諦める」の方が現実的であった。

　処女性*のタブーを捨て去り、性的指向が自由に向かうことは、風習を激変させる明らかな印となっている。男性の弱さと女性の冷感症が、下落の徴候であると断言するリスクを誰も負うことはできないだろう。無意識は、革新的というよりは反動的である。何の束縛も受けずに享楽することはそれほど容易なことではない。

性的羞恥心　PUDEUR

その昔、男も女も、裸であったが、恥ずかしいという気持ちはなかった。アダムとイヴはエデンの園にいる限り、羞恥心というものを知らない。本質的に堕落と結びついた羞恥心は、過ちと共に生まれ、罪悪感の印を残し、過ちに罰を与えるものとなる。恥「pudere（恥じること）」の対象は、つねに性的なもの「pudenta（生殖器）」と決まっている。

羞恥心は、セクシュアリティと密接な関係から、セクシュアリティの強さと弱さを引きだしている。いかなる文明においても羞恥心と無縁ではないが、羞恥心の程度は場所や時代によって相対的である。あらゆる激情の対象となる羞恥心は、徹底的に防御されることも攻撃されることもあるが、女性の体のような魅力を持っているものは、つねに主要な標的になる。十九世紀には、（女性の足を連想させるために）ピアノやソファーの足にまでカバーをかけなければならなかった。こんにちでも、イスラム主義では、女性の体が完全に覆われていることを強いている。逆に、一九七〇年代では、あらゆる羞恥心から解放されなければならなくなったので、裸*を政治的標章にしていた。

このような解放的意思は、人類のセクシュアリティの土台と境界につまずくのが常である。一九六八年に起きたパリ五月革命の時代の子供たちは、親の世代に裸が広がった苦い思い出がある。現実には、羞恥心が裸を妨げ、遮っているようであっても、羞恥心は、セクシュアリティにとって必要不可欠のままである。羞恥心は、裸体に性的興奮の力を与える。裸体を隠す必要があるのは、時折そのベールをはがす楽しみをふくらませるためだ。厳しい羞恥心を他人に命じる人たちは、そのことを非常によく理解している。「大人の乙女は恥じらいを持たなければならないし、裸を見られることは慎むべきである」（聖ジェローム）。

性別、ジェンダー（トランスセクシャル）　SEXE, GENRE（TRANSSEXUEL）

かつて、生命というものは単純であった。男がいて女がいた。こんにち、性は恐ろしく複雑になってしまった。精神分析は、原初的な二元性に、男女に見られる能動／受動、ファルス／去勢、男性的／女性的という独自の区分を追加した。だが、人間とはけっして満足せず、いつも何かを気にしている生き物である。生まれつきの性別は、人間にとって運命とはなりえず、価値を失っても執拗に存在しようとする解剖学上の性と、無意識の不安なファンタスムを伴う精神分析的な性を越えて、ジェンダーと名付けられた社会的な性をつくり出した。

当初、ジェンダーは、今のようにアイデンティティの要求をスローガンに掲げる目的を持ってはいなかった。精神分析家ストーラーが、トランスセクシュアル、つまり自分の心は自分の身体とは異なる性を持っていると主張し、とりわけ心の性を優先させて外科手術やホルモン的治療を強く望む人びとに関して、ジェンダーという用語を導入した。ストーラーは、心の性をジェンダー・アイデンティティと名付け、このジェンダー・アイデンティティが、解剖学的性のアイデンティティとの妥協点を見いだせず葛藤を招くことを示した。

ジェンダーという言葉は、今では広く普及している。ジェンダーは、心と社会で構成されるものと定義され、解剖学的な性や精神分析的な性に対して、ジェンダーに絶対的な優位性をもたせる人が多数存在する。ジェンダー・スタディーズ、ゲイ・スタディーズ、レズビアン・スタディーズ、バイセクシャル・スタディーズなどが、アングロ・サクソンの国々に広がりを見せ始めた。そして、このジェンダーのアイデンティティと解剖学的性のアイデンティティのあいだの葛藤が、自分たちのジェンダーの認知を要求する人たちによって援用されている。性は、二種類に限定されている事実は変えがたいが、それに対してジェンダーの多様性は無限である（文法には男性と女性と中性の三つの性がある）のも事実である。

セクシャルハラスメント HARCÈLEMENT SEXUEL

「セクシャルハラスメント」という言葉は、稀に見る大成功を収めた。いつの世にも知られてはいたが、名称がなかった物事を見事に表現できたからである。こうした空白が埋められるべく、セクシャルハラスメントという言葉が、事態をうまく連想させてくれる。毎日、同僚の尻をなでる好色漢、性行為と引き換えに欲しいものをちらつかせる上司などである。

しかし、この用語が世界的に用いられるようになった理由を、犠牲者にとって感情的につらく、また、犠牲者にもたらした感情の中の記述するのも難しい現象を見事に公式化したというだけでは、説明することはできないであろう。セクシャルハラスメントの概念が猛スピードで進化しているアメリカでは、告発される恐れがあるために、オフィス内では執拗に目を合わせないように気を配っている。

また、とても不思議な形で、モラルハラスメントや精神的ハラスメントなどに近い概念がたちまち登場したことは、ある種の強い感情的な動機が名称の成功につながったことを感じさせてくれる。

その動機とは、昔も今も変わらない性的なものに対する人類の嫌悪ではないだろうか。性的なものは、幼少時代から人をさいなむ。許されない人に対する満たされない欲望をごく早期に抱き、性器の永続性をごく早期に憂い、獲得したと思ったらたちまち失ってしまう恋愛感情の確実さについての不安に早くから悩まされる。また、不能であるあいだは、大人たちの快楽的あるいは絶え間ない闘いの中でお互いに満足しているあからさまな光景を目の当たりにしなければならない。また、命ある限り、こうした幼児の性的ファンタスムにみずから耐えなければならない。なぜなら、そのようなファンタスムは、時間が経過しても、性的に成熟しても、変化することや、弱まることがないからだ。セクシャルハラスメントの原初的で抗しがたいものはそこにあるのではなかろうか。

セックス　FAIRE L'AMOUR, COUCHER, BAISER

ベレニスがティトゥスに向かって言う。「卑怯者。私を抱いて、王の権利など放棄しなさい」ヒッピー世代のスローガンに「戦争ではなく、セックスをしなさい」というのがあったが、そのはるか以前に、ラシーヌの作品の登場人物は、闘いとセックスを対比させ、さらに、両者を比較している。

現代のような解放された時代にあって、セックスの表現として **faire l'amour**《フエール ラムール》（愛をする）を用いることは、いささか時代遅れに響く可能性がある。「相手を苦しめることなくセックスをするセンチメンタルな男」ということである。もう一歩進むと、グルーチョ・マルクスは、「妻との faire l'amour は、寝ている鴨を撃つようなものだ。」と述べているが、そこにはもはや「女房への敬意」しか残されていない。

「もう coucher《クシェ》した（寝た）のかい。それともまだなのかい」この思春期の男女をどきっとさせ線引きするような質問は、初めての性体験に通過儀礼の価値を与える。coucher には、不義の関係という意味もある。「熱いシーツと長枕を感じさせる、享楽的でいかがわしい」（ジュール・ロマン）というニュアンスがある。「マリー、そこに coucher しなさい（横になりなさい）。」には、女性蔑視が読み取れる。ミラン・クンデラの言葉を借りれば、女には、coucher（寝る）相手と、dormir（眠る）相手の二種類がある。

Baiser《ベゼ》は、まったく別で、七〇年代にクラブメッドの Boire《ボワール》 ー Bouffer《ブッフェ》 ー Baiser《ベゼ》（飲む、食べる、セックスする）の3Bという（暗黙になっていると同時に口に出すこともある）標語になっていた。カストルは、女は「se faire baiser（たぶらかされる）にはいい」と嘆いたが、この言葉は、女性を支配し、女に暴力をふるうという考えが優先されている。Baiser は、所有するという意味と支配するという意味を併せ持っている。ふしだらな女やあばずれ*という意味からも遠くはない。映画『バルスーズ』（一九七四年）でも、そろそろセックスが迫ってきているという（「クリスマスの頃が待ち遠しいなど」）隠喩にあふれている。そしてつい最近まで、セックスをしていたのは男で、やられ、侮辱されるのは女の方であり、その意味の表現は、数え切れないほどある。カップルがセックスをするときに、勝者と敗者が存在するという公理を立てているのは、われわれの先祖の力関係である。

セックス依存　SEX ADDICT

性的な出会いに取りつかれたように、セックス依存症の人は、さまざまな性的な場面探し（サイバーセックス、複数の性的関係、ポルノグラフィー、売春など）にますます時間を費やしていく。論理は、単純である。赤信号が灯り、ひそかに同意の眼差しを交わす。そして、性行為へ。セックス依存症者は、次の獲物を待つ中毒患者であり、性の対象や性的な状況を見つけることに取り憑かれている。前世紀であれば、偏執狂や倒錯について語られていたが、こうした依存行動は、何の障害もなく享楽を得られなければならない消費社会によって、また、性が他の商品と同様に消費され得る消費社会によって、もたらされると同時に一般化している。インターネットでは、「ペニスキャンペーン！　巨乳希望！　黒人の尻！　チャットしてOKだったら、数時間後に会いましょう」など、非常に実用的な方法で買い物をすることができる。若者の性生活において、依存的なセクシュアリティは、一時的な通過点、思春期後の埋め合わせ、鬱に対する解決策、純粋さを逆説的に追求することになり得るのである。ある実践者はこれについて「人間関係の煩わしい側面を持たない実践だ」と述べている。大ざっぱに言えば、依存的セクシュアリティは、他者との出会いを避ける恐怖症的な戦略と理解することもできる。このような強迫的実践の土台には、カップルにさせられるのではないかという侵入不安と放棄されるのではないかという不安という二種類の人間関係についての不安があるのを認めることがよくある。

このような体制においては、不確実であるが故の苦悩よりも確実な断絶の方が望まれるのである。「困り果てることがないようにする」ために、ある身体から別の身体へとザッピングすることになるだろう。

しかし、矛盾点がある。一日に複数の相手と性交渉を持っても、セックス依存者は、孤独を感じるのである。こうした孤独の感情を避けようとすると、反対に、孤独のあまり参ってしまうのである。

背中の反り　CAMBRURE

背中の下の反り、背中のくぼみは、古代から心を揺さぶる部位であった。シラクサでは、きれいなお尻のアフロディテ、「美尻」の女神を敬う寺院が建てられた。神の腰のくびれは魅惑的で、ランボーは『太陽と肉体』（一八七〇年）で背中の下の反りの官能性を次のようにたたえている。「驚くほど美しいキプロス（アフロディテの別名）が歩いて行く。まばゆいほどの腰の丸みを反らしながら」アングルは、腰の線に補足的な何かを加えた『オダリスク』を描いた。十九世紀、コルセットが登場すると、「砂時計型シルエット」が流行した。それから一世紀を経て、シュールレアリストたちはシャルコーが記述したヒステリー発作の後弓反張から着想を得た。彼らは、女性のねじれの中に、入神状態*と性愛的な享楽*絶頂の結びつきをみている。美的な規範は変化するが、Sラインはつねに女性と女性の体の線の象徴であり続けている。

反りは、軽く腰を曲げた控え目なもの（ミロのビーナス）から、扇情的なアラベスク（フラメンコのダンサー）、腰を直角にして胸と尻を強調するみだらな踊り（リオデジャネイロのバイレ・ファンキ）まで、広がりを示している。腰を反らした女性を背後から眺める後背位の性交では、性器より尻*の方が前面に出る。男は、性器の違いの苦悩から解放され、男性的な力を持つために、支配的で追従させるような位置につくことができる。足やくびれと同様に、腰部の輪郭の美しさは、フェティシズムの対象になる。デヴィッド・リンチ監督が、クレージーホースのダンサーに、クリスチャン・ルブタンがデザインした目がくらむようなパンプスを履かせて写真を撮ったのは、偶然ではない（フェティッシュ展、二〇〇七年）。

エドウィージュ・シャキの短編映画『背中の反り』（一九九九年）で、青年が、背中から尻にかけての部分に魅了された彫刻のモデルの娘に惚れこむが、その映画の中で、男が「君は、すごく絵になる」と語る場面がある。女である前に、背中の反りが重要ということだ。

前戯　PRÉLIMINAIRES

敷地に沿って張り巡らされたリメス（境界）であり、敷居をまたぐ前に、つまり重要な出来事を敢行する前に行なう予備調査のようなものである。前戯とは、地主や家主が所有する前に家や土地を見て回るように、性器を挿入する前にすみずみまで見ることである。「畑を耕す人は、女性を刺激して心地よくさせるためには、キスもささやきも性器に触れることもせずに畑に入ることはできない」のである。ars erotica（性愛の術）は、東洋に限定されたものではない。中世のユマニストで医者のアンブロワーズ・パレは、この言葉を用いて、性愛を勧めている。前戯は、単なる装飾ではなく、男女の興奮を結びつける働きがある。「妻が刺激に対して堅くなっているなら、夫は妻に甘い言葉をかけ、愛撫し、興奮させなければならない」

所有者になることに自信が持てず、所有という敷居をまたぐことに不安をおぼえる男は、勃起から射精までせいぜい一〇〇までしか数えられないだけに、このようなアドバイスが必要になるだろう。

前戯は、生まれて最初の行為であるおっぱいを口にした時に始まり、幼少時代の愛撫*、キス*、まなざし、甘い言葉や下品な言葉などから、未成年の頃のマスターベーションまでのセクシュアリティの歴史のすべてを描き出す。つまり、前戯とは、性感帯*には変換できないような身体の場であり、男にとって、性と生殖は同義でないことをはっきりと示している。前戯は、全体であったり、とくに好きな部分になったりする。クレマンソーの言葉を借りれば、「一番いいのは、ステップを上っていくこと」である。

挿入（膣痙攣） PÉNÉTRATION (VAGINISME)

性器の挿入というのは、子供のセクシュアリティに比べると、大人のセクシュアリティに分類される非常に新しいものである。子供たちは、前戯*の喜びに関しては、性感帯（肌、口、肛門など）の小児的な探求を通して、ほぼ完全に学んだ。しかし、深く研究を掘り下げても、両親の寝室の謎をすべて暴くことはできなかった。両親の寝室が、子供の秘密製造所であることは理解できても、製造方法を正確に知ることはできないのである。精神分析で潜伏期と呼ぶ時期に、性欲が一旦抑圧されて勃起しなくなったり、膣の快楽に無関心になったりしてしまうことが、ほとんどの場合、接近を許さないのである。重力の法則に逆らって勃起する奇跡が起きるなどと想像できるだろうか。そして、奇跡が起きた時に、硬くなった生殖器が、マスターベーションをする手以外の鞘を求めるなどどのように考えられるだろうか。そして、この奇跡は、少女にとっても、同じくらいの驚きだろうか。あるいは、不安の方が大きいものだろうか。

現代の子供たちは、はっきりとポルノの描写を目にする頻度がきわめて高い。果たして、現代の子供の方が、以前の子供より性に関する知識があると言えるのだろうか。これ以上不確かなことは何もなく、結局、抑圧による忘却が何らかの処女性を子供にもたらしてしまう。子供には、解剖学上の性差の意味するものをすべて知ることが残っているのである。ついているかいないかはわかっていたが、挿入する／挿入されるは、新しい事実なのである。

その出来事は、危険を伴うこともある。初体験では、出血や痛みもある。ファンタスム*はつねに現実のものとなるが、快感はつねに得られるとは限らない。初体験が、理想に描いていたものとあまりにもかけ離れたものであるなら、あるいは、（感情的な負荷が大きい）初体験のトラウマが過去のトラウマを呼び覚ますようなことがあれば、神経症の出現の機会にもなり得る。冷感症（挿入されても何も感じない女性）や、本来は歓迎して受け入れるはずであった局部の筋組織が、無理に入り込んだものを締め出そうとして、痛みを伴いながら拘縮して通り道を遮断する膣痙攣によって、挿入を阻害することがある。そうなれば、短刀は、もう元の鞘（手）に収めるしかない。そして、鞘はあらゆる快楽的存在を受け入れなくなるのである。

早漏　ÉJACULATION PRÉCOCE

「ゆっくりと時間をかけて、少しずつ湧いてくるように」オィディウスは、ヴィーナスの快感についてこのように語っている。早漏は、十七世紀の言葉で「城壁の下で死ぬ」を意味し、時間を保持することができず、欲望と放出を取り違えてしまう。ジュリアンは、ナイトクラブでのデートが、例によって性的不能で、翌朝のコーヒーを共にすることなく終わると打ち明けていた。彼は、「能力がない」ことに「気詰まりを感じて」いた。しかし、誰と比較したどんな能力なのだろうか。

「早い」を意味する形容詞 précoce《プレコス》は、あっという間にいってしまうという時間性の不確かさを強調している。しかし、この言葉は、刺激的過ぎる母親の世話によって欲動の側面で爆発する幼児を連想させる。イオカステーの極端な感情に立ち向かうより、逃げることを選んだオイディプスに、イオカステーは「母親の処女膜を恐れないで」と言っている。急いで射精することは、膣*の中に落ちる苦悩や、暗い深淵で迷う恐れや、捕らわれの身になること（陰茎捕獲）、飲み込まれてしまう（ヴァギナ・デンタタ）不安から遠ざかることである。

一般語には、「手早く片づける」、「（ただ性欲を処理するために）やる」といった無情な表現がある。表面上の「エゴイズム」に放っておかれた／被害を受けた女性と、持ちこたえることのできない男の苦悩の狭間で、結末は単純ではない。タイミングの悪い体液／分泌物*は、ベッドを濡らす子供の尿を連想させる。遺尿症と早漏は、羞恥心を抱く点において同じである。どちらも、母親や女性の前で、力を発揮できずに面子を失い、辱められたナルシストが感じる羞恥心なのである。

体液／分泌物　SÉCRÉTIONS

モーパッサンの小説『牧歌』は、若い男とピエモンテの村の乳母が鉄道の旅をしている様子が描かれている。「暑気はいよいよはげしく、女は服のボタンをせっせとはずしていく。なんせ、きのうからおっぱい*をやらんもんだから、気絶でもしそうに、気がぼんやりしますよ。（中略）男は女の前に膝をついた。そして、女は男の方にかがむと、乳母のするような格好で、男の口へ自分の乳房の黒ずんだ先をあてがおうとした。乳のしずくが頂上にあらわれた。若い男は、この重ったるい乳房を果物のように口へ加えたなり、そのしずくを急いで吸いこんだ。それから、がつがつと、規則正しく飲みはじめた」

原点に立ち返ると、母乳とは、愛がそこを経由する液体のうち最初のものでしかない。汗、唾液、血液、涙、性交渉における精液、膣液など、体から少しだけ分離（分泌）される物体で、快あるいは嫌悪のときにそれらが入り混じる。ルイ・カラフェルト（『セプテントリオン』一九六三年）は、広大な奥行を探索し、その「えぐい味」を味わおうと、性の「甘い海」に飛び込む。ある者にとっての欲望*は、他の者には、禁じられている。ある社会では、膣を乾燥させてセックスを実践している（とくにブラックアフリカ）。

液体の物理学は、セクシュアリティと生殖の橋渡し役である。男にとって、精子の移動は、子宮に到達するというファンタスム*を提供する（シャーンドル・フェレンツィ）。精液のみが妊娠の原因と長く信じてきた。精液は魂を運び、小さい人間の形（ホムンクルス）ですでに精子の中に入っているとされていた。母体の血液は、胎児を育てるためだけに役立つ（ヒポクラテス）とされ、排卵が発見されたのは二十世紀になってからのことである。第二のタイプの近親相姦（フランソワーズ・エリティエ）の原理には、体液が交わることの禁止がある。そこでは、同一のものの接触で不妊や災難をもたらすとの恐れから、ひとりの男と、母親とその娘、または姉妹との結合が禁じられていた。

性的な身体からの分泌物の中で、最もタブーとされていたものは血液であろう。月経の血液、処女喪失の際の出血（処女の毒）、出産時の出血は、聖なるものと不純*なものを結びつけ、性と女性を同一の危険の中で結合する。アフロディテの神聖な血の数滴があれば、生かしたり回復させたりもできたのである。

体毛（脱毛） POILS（ÉPILATION）

かつて裸の女性には体毛があったが、現代は、脱毛の時代である。

体毛は、人間と動物の差をなくす恐れがあるので、剃ることを強いたり、切ることを禁じたりするのは、印が残ってしまうことではないかという文化である。体毛は、世代の差を表わすものであり（体毛は大人の「特権」である）、性差のマーカーでもある。あらゆる織物の原型は陰毛であり（フロイト）、陰毛は、エロティシズムのベールにも未知の土地にも耐えられないポルノによって地図から削除された「暗黒大陸」(1)と同様、不気味で魅惑的な「世界の起源」(2)も包み隠している。女性の体毛が秘密にされていたその分だけ、男性の体毛は、長きにわたり自慢できるものであった。「毛むくじゃらの腕は異常な力の持主であることを告げていた」（バルザック『田舎医者』、一八三三年）。しかし、時代は変わり、男女の性差は曖昧になり、現代男性は、ひげそりと念入りな「無精ひげ」のあいだで揺れ動いている。

(1) フロイトが、女性性に対して用いた「暗黒大陸」と隠喩の表現〔訳注〕。
(2) ギュスターヴ・クールベ作の油彩画の題名。足を開いた裸の女性の生殖器と腹部をクローズアップで描写しており、本書の原書の表紙にもなっている〔訳注〕。

体毛は、文化から文化へと経ることで、性の汚れた部分と日陰の部分を進んで担うようになった。『千夜一夜物語』の東洋風の様式のものでは、新婦がきちんと体毛の手入れをしている。とりわけ日本でも、体毛に対する思い入れが強い。日本では、陰毛を見せると、法で罰せられるが、毛の薄い女性のための下半身専用かつらまで商品化されている。その名も「夜の花」である。また、かつてのヨーロッパのリベルタンな時代では、女性が小さなリボンを使って陰毛を結っていた。それは、男性に対する好意の印であり、女性がすべてを許す前に男性がほどくべき最後の障害物であった。

レオ・フェレが『セ・エキストラ』で歌った「黒いイエスの髪の房」は過去のものとなり、脱毛が流行している。マイヨ・ブレジリアン、メトロのチケットと呼ばれる脱毛法は、今や普通であり、ブッシュ・コワフュールとトレス・ラスタは、もう流行遅れのものとなった。最も新しいのは、アメリカで生まれたヴァザズリングである。ヴァザズリングとは、陰毛を剃りその代わりに人造宝石やスパンコールなどをつけるというものである。かつて、フランス語では裸の女性を「à poil（毛）」と表現したが、近い将来「人造宝石をまとった」女と表現されることになるのだろうか。

膣 VAGIN,CHATTE, TROU

性の非対称性から不平等性までの言葉は、解剖学用語の言葉に情け容赦をしない第一歩にすぎない。膣とは鞘である。ペニスと膣は、前者が後者をより補足すること以外には、互いに相補的関係にある。鞘がなくても、剣は武器であるが、剣のない鞘は、単なる空の型である。ペニス*崇拝は、ファルスを作らしめたが、膣崇拝は存在しない。子宮崇拝は存在するが、神格化されるのは、女性ではなく母、性器ではなく腹である。性の政治学というものは、共通言語が生まれてから、書かれるようになる。一方は、挿入し、他方は挿入される。ここで受身形が用いられているのは、単に構文上の問題ではない。受身であることが、性行為と服従的な身ぶりを区別するものが何もないと感じている多くの女性の心的生活を複雑にしている。そこから、報復手段とも思われる現象が起きる。膣痙攣*は、あらゆる侵入に対して城壁で応じる。陰茎捕捉は、無謀な冒険家を罠にかける。

膣は、セクシュアリティに関する言葉であって、それ自体が性的な言葉ではない。エレナは、恋人が挿入する前に、「君のchatte《シャット》にはめてあげる」と言うよう求める。性的な言葉は、それそのものが行為であり、口にすることがすなわち前戯*になる。台本を書き、関係をリードしているエレナであっても、この言葉の持っている攻撃的な重みをいささかも変えることはない。chatteという語は、愛撫よりレイプに近いのである。（攻撃者と見なされる）エレナを興奮させるこの言葉は、多くの人（男と女）が口にできない言葉である。同じ女性器を表わす俗語でも、官能性から引き離すようなもっと柔らかな表現、たとえばminou《ミヌ》がある。しかし、「ミヌを口で愛撫する」ことしか考えていないフィリップ・ロスのポートノイの場合は、愛情と熱情のどちらでであろうか。

「穴」もやはり性的な言葉だろうか。エロティックでないことは確かである。性的――しかも、この語は、うまく抑えられなかった暴力を隠し持つ――かどうかもはっきりしない。穴は、形の定かでない語であり、底なしの井戸に近いものがある。ペニスは、そこに宿るものというよりは、何がなんだかわからなくなってしまうものである。「穴は穴である」というシニカルな言い回しは、女性憎悪のイメージが透けて見えるところで、穴をとっかえひっかえするポルノ映画*をかなりうまく定義している。

乳房　SEINS

「女性の美しさの虜になった若い男が、ある日、幼いころに自分に母乳を与えてくれた美しい乳母のことを語りながら、『あのような恵まれた機会をもっと有効に使うべきだったと話した』（フロイト）。

母乳、おっぱい、乳房は、体のどの部分よりも、大人の性生活と幼児の性生活が連続していることを示している。

「乳房」は、ラテン語の sinus が語源である。Sinus とは、古代ローマのゆったりした寛衣のひだのことで、女性が子供をそこに入れていたことから、母性に関連している語である。ボッティチェリやティントレットが描いたふっくらとしたヴィーナスから、デ・クーニングの胸を変形した芸術に至るまで、魅力的な対象として、乳房は、何世紀にも渡りあらゆる芸術を刺激してきた。精神分析の分野においては、乳房という語は、子供時代に受けた世話を指し示すために換喩的に使用される。乳房は、重要な器官であり、言わば、想像の世界の基盤となるプロモーターなのである。

乳房は、空腹と愛情を出会わせるが、危険が伴うこともある。たとえば、マルコ・フェレーリ監督の映画『最後の晩餐』(一九七三年)では、役者フィリップ・ノワレが、乳房の形をしたケーキを貪るように食べた後、胸の大きな女性のブラウスにしがみつき窒息死する。しかし、乳房の二重の用途は、生まれると同時に始まっている。乳母の乳房は、吸うことと関連した快を子供にもたらす性愛の最初の対象でもある。「満腹した子供のイメージは、後の性的満足の表現の原型であり続ける」(フロイト)。とはいえ、性愛的な乳房と乳母的な乳房とが文化的に分離して、母親のイメージと女性のイメージが分かれるには、近親相姦*を妨げる壁ができれば充分である。母親と子供のあいだの性愛的な課題の抑圧がうまくいかなかった場合に、多くの産後の女性にとって授乳の選択が困難なものになるのであろうか。ブラッサンスのシャンソンの「娘と子猫(Brave Margot)」で、「ブラウスのホックをはずして子猫に乳を与えた」マルゴーが、「村中の若者たち」を仰天させたと歌っているが、彼女の場合、そのようなことは問題ではないように思われる。

デート　SORTIR AVEC

「デートする」というのは、とくに若者のための語であろう。思春期*における重要で究極の課題であるデートは、それ自体が目的であり、相手が誰かは二の次で、誰しもできるだけ早くに実現しなければならない偉業である。偉業を成し遂げるためには、工夫を凝らしたものから平凡なものまで、どんな作戦もあり得る。「友達が君とデートしたいみたいだけど、何て返事したらいい。」

デートした。しかし、何が起きたのだろう。それを問うのは、ぶしつけで、恥ずかしくもある。デートとは、性的なことを隠すために共通語を用いる方法であると理解される。デートの定義は、あまりに明確であると同時に、あまりに曖昧であるために、それを言い表わすことができない。説明など不要なのがデートであり、何も知らないのは未経験者と間抜けだけである。経験者の持つ秘密であって、その中身を正確に知るためには、それを経験しなければならないであろう。恋愛のフリーメイソンとも言える思春期の若者たちは、謎に執着する。デートは、彼らのための言葉である。一方、大人は、その謎を突き破り、映画に行く、舌をからませる、ベッドを共にする、言葉を区別することによってデートという言葉が機能する。いわばエロティシズムの紋章である。芽生え始めたセクシュアリティの主人のシニフィアンであり、そのセクシュアリティの持っている創造性は単なる性器的なリビドーよりも、むしろ幼児性を取り入れている。おそらく、出かけるというよりも、侵入するとか入り込むということがはるかに問題である大人のセクシュアリティのある種の抑圧であることを物語る表現であろう。

思春期が、「個人が両親から離れるという大きな任務を遂行しなければならない時期」（フロイト）であるとすれば、デートは、親に対する最初の愛という無難な道を外れさせようとする誰か別の新しい選ばれた人と一緒でなければ、（家族や子供時代から）抜け出すことができないことを示している。思春期における、最大の関心事は、出かけることである。しかし、仲間と出かける、集団で出かける、夜遊びをするのと比べて、デートは別のステータスや価値を持っている。「彼女／彼とデートする」は、最近になって獲得して失うことのできない新たな誇りの印であり、人生の絶頂に通じるような、恋愛成就の印となっている。

倒錯　PERVERSION

倒錯は、かつての倒錯ではなくなった。「風俗紊乱罪」が刑法典から消えた。人に衝撃を与え、憤慨させるためには、激しい恐怖の中で事態を混乱させ、倒錯と残酷さ*が結びつく必要がある。つまり、ネロやティベリウスの時代のような、小児性愛*や連続殺人などである。医学界では、pervertere（逸脱やねじ曲げ）意味を含むperversion《パーバージョン》よりも、悪意のないparaphilia《パラフィリア》という語が用いられることが多い。倒錯者が、悪癖のある「奇人」であり達人であったのに対して、パラフィリアの人は、単なる愛好者とみなされる。主役の脇に、マゾヒズム、エグジビショニズム（露出症）、フェティシズム、トランスヴェスティズム（服装倒錯）などのように、なんでもi ismをつければ、そのものに対する愛着が奇異で偏執的であるような一風変わった「熱狂性」を示す語になる。だが今では、たとえば、脚に対する愛（フェティシズム）、身体欠陥に対する愛（アクロトモフィリア）、窃盗に対する愛（クレマスティストフィリア）、人形やぬいぐるみに対する愛（ペディオフィリア）、はげ頭に対する愛（ファラクロフィリア）、母乳への愛（ラクトフィリア）などがある。語源であるギリシア語やラテン語の語根にphilieを付けるだけで、人にはあらゆる嗜好が備わっていることがわかるだろう。

倒錯の形態は、さらに無限に区分され、倒錯の可能性が多様化されるのは、倒錯者は一度にひとつのものしか愛することができないのがその理由であろう。日常的な意味での「強迫神経症者」は、倒錯の中にやめられない何かがあることをうまく言い表わしている。つねに同じパターンにとらわれることや、自分の（唯一の）ファンタスムに従うように強いられている倒錯者は、逆説的に、セクシャリティを軽くあしらっているのである。パラフィリアという表現は、倒錯者の、文字通り、愛の「傍ら」を通り過ぎた(1)という事実、つまり恋愛がうまくいかなかったという事実を強調することでもある。愛と性的なものの撚りをほどくと、倒錯者にとって、他人とはかりそめのものであり、どうでもいいものとなっている。倒錯者がセックスレスでゆったりとしていられるのは、おそらく、オーソドックスなセクシュアリティの強迫観念の中で生きているからだろう。「この世で最も不幸な者は、女性のショートブーツをひたすら待ち焦がれながら、女性そのものを我慢しなければならない」フェティシスト

である」（カール・クラウス）

（1）パラフィリアは、ギリシア語の接頭辞で「脇」や「横」を意味する「パラ」と、古代ギリシア語の名詞で「愛」を意味する「フィリア」を足した造語で、「愛の横にそれた」という意味を持つ〔訳注〕。

ドン・ファン　DON JUAN

ドン・ファンは、伝説が生まれてから五世紀を経てなお、驚くべきオーラを放ち続けている。男なら誰でもそんな男でありたいとあこがれ、女性はそんな男を自分のものにしたいと願う人物像だからである。華々しい魅力と疲れを知らない性欲そのもののドン・ファンは、追従する人びとを生み出し、ドンファニズムは、いい意味でも悪い意味でも、女性遍歴を重ねる男の代名詞となった。しかし、ドン・ファンの評判は悪い。（あまりにも）明白な異性愛の陰に同性愛が隠されているのがわかる。ドン・ファンは、打ち明ける。「だが、いったんこっちのものになってしまえば、もう何も言うこともないし、どうしたいとも思わなくなる」（モリエール）。それは、女性と恋愛感情に混じり合うことが怖いからだ。ドン・ファンは、ヒステリーでもある。『ドンジョバンニ』（モーツァルト／ダ・ポンテ）では、すでに一〇〇〇人斬りをしながらも、女を一人残らず自分のものにしないと気が済まず、いつまでも女を追い続ける。女の中には、男女の関係が許されない母親も含まれる。ドン・ファンの倒錯は、激しく非難される。ドン・ファンが、目的に到達するために言葉をいとも巧みに操り、「女性を懲らしめる」（ティルソ・デ・モリーナ）のは、魅了してから捨てることで、父親が優位に立つことに対抗しているのである。

以上の指摘は、おそらくすべて正しい。にもかかわらず、ドン・ファンが人を魅了し続けている理由は、彼を追いかけてくる者たちから逃げると同じように易々とカテゴリーからはみ出しているからであろう。過去でも未来でもなく、現在を称賛するドン・ファンは、オイディプスの神話の裏側であり地獄でもある。なぜなら、彼は、「ひとりを除くすべての女性」という命令を文字どおりに取ったために、収集を始め、結果として、その虜になってしまうからである。彼は親殺しを実行できずに、死ぬまであらゆる権威に立ち向かう。ヴァルモンとカサノヴァは、自由思想の同類であるが、ドン・ファンだけが節度のない、狂気と欲望のパラドクサルなヒロイズムの人物として描かれている。罪悪感を持たず、法に一切従わないドン・ファンは、社会のまとまりをあまりにも危険にさらすために、秩序を取り戻すために神の介入が必要になるほどである。

ナンパする（誘惑する）　DRAGUER（SÉDUIRE）

「ナンパ／drague」の歴史は浅く、始まりは一九六〇年である。動詞は、海底をすくい取る「すくい網／drague」漁という漁業用語を借りて、現在の形で使用されるようになった。浚渫《しゅんせつ》船は、海底のものを区別なしにすくい取るが、すくい網漁では、牡蠣やムール貝などの貝類を漁獲する。すくうを意味する racler《ラクレ》 と、客引きするを意味する racoler《ラコレ》 のあいだには、女性に目を付けて、落とせるかどうか調査し、oser（思い切って）声をかけるの〈O〉が忍び込んでいる。大胆に、相手を選ばずに運を試すのであろうか。それは、あたかもその瞬間に人生のすべてが賭かっているかのように、相手の男や女を魅了するためである。ソフィー・ドーミエとギー・ブドスの『スケッチショー』（一九七五年）では、とんでもないナンパの神話的瞬間をオフレコにしている。その瞬間に、出会いがあるという誤解を見ることができるだろう。

男「しっかりしろ。ジャノー。今夜はこの女と……。まあまあかな。やっぱり結構いけてるなこの女。」

女「この男ったら体をぴったり寄せちゃって、私を興奮させようとしてるのね。耳を噛んだわ。何て馬鹿な男かしら。それに、このオードトワレの匂いといったら、吐き気がするわ。」

ふたりの関係はそこで終止符が打たれる。とはいえ、最高に着飾った自分を互いにひけらかす瞬間である。「一撃で決着をつけることができるはず」、とこの話の男が要約している。

リュックは、精神分析のセッションで、ナイトクラブで気に入った女性を物欲しげに見ているだけで誘惑することができなくなってしまうのではないかという不安を打ち明ける。「数か月間で髪の毛が全部抜けてしまったから」と言う。ジョセフの場合は、インターネット上でバーチャルなナンパを試みていた。オンラインのチャットの陰にこっそり隠れる。「話をして、スマイリーフェイスで応える。インターラクティブな関係。そして、もっと多くの女性たちがずらっと並んでいる」観察するナンパ師の視線から、議論して機会を後に延ばすチャットに至るまで、スタイルは変化した。だが、女をものにするという目的に変わりはない。

におい　ODEURS

「その部屋のなかには、女中たちの肉体から発散される種々さまざまな匂いが充満した空気がみなぎり溢れていた。それらの匂いは……正真正銘の女の匂い odor di femina だったのだ」（ギョーム・アポリネール『若きドン・ジュアンの冒険（手柄咄）』一九一一年）。肌や身体、性器などの入り混じった匂いが部屋を充満させていた。彼の心を狂おしく掻き乱したあの香水だった。「乱れたベッドと散乱したその下着からヴェルヴェーヌ（クマツヅラの香料）の香りが立ち昇った」（エミール・ゾラ『愛の一ページ』

一八七八年)。

霊長類が、進化を経て、直立の姿勢になったことで、臭いは「下半身」に追いやられその一部を失ったのかもしれない。だが、動物的な力のすべてを失くした訳ではなく、お腹をすかせた乳児は、臭いで母親のおっぱいがわかる。

身体の臭いがこれ程までに追放されたのは、臭いというものが人を獣に立ち戻させるからだろうか。十八世紀には、ヨーロッパで脱臭製品の会社が設立されている。都市文明の臭気よりも広々とした空間の純粋さ、貧乏人の悪臭よりも植物の甘い香りの方を好んだのである(アラン・コルバン『においの歴史』一九八二年)。こんにち、清潔さを崇拝する裏には、人の動物性を消したい気持ちが隠されている。だが、優れた香水にしても、体臭と同じくらいに、性欲を刺激するのである。

芳香剤、オードトワレ、脱臭剤、制汗スプレー、口臭予防スプレーなど、臭い狩りは、日常の一部になってしまった。とはいえ、子供は糞便にはじまるような吐き気を催させる臭いをかぐ快を恥じることがない。人は誰しも「尿と便のあいだ」から生まれた。こうした性向は、ほとんどの場合において、「よい」匂いの支配のために抑圧されている。現代の男は「シャワーをあびてからでないと」という言葉でパートナーを脅かすことがあるかもしれない。アンリ四世は、愛妾ガブリエル・デストレに「身体を洗わないで待っていて」と勧めたというのは何という昔の勧めだろう。

快、色欲、肉体の過ち、強い嫌悪、殺人……。肉体は、人を過激な行動に仕向ける。肉体は、より親密な自分の子孫（フランス語で自分の肉と表現される）でもあり、鳥肌（フランス語で鳥の肉と表現される）といった表現力に富んだものでもある。外科的には、肉体は柔らかで、食用の肉は、赤いもの、白いもの、火を通したもの、生のもの、新鮮なもの、大変おいしいものであったりする。「生きている（en chair et en os）」「生身のゆえの弱さを持つ（être de chair）」「肉付きがいい（être bien en chair）」などの表現に使われる肉体は、手で触れて確かめられ、弱くて、豊穣なものである。しかし、その肉体がもたらす快や、肉体が惑わす精神について考えた場合、肉体は危険でもある。

肉体とは、女性である。あるいは、原罪である。どちらにしても同じことである。女性の肉体の魅力で、男性の体が動く。単なる裸体である以上に、女性は裸体そのものである。西洋においては裸体が過度に露出されるが、東洋ではすべてが覆い隠されている。「文明間の対話」をすると、性的な衝撃が起きる。

肉体の影響力に留まろうとすると、その大きな力にたじろがされてしまい、口と性器の快楽が混じり合う。想像的なものの糧となる精神的混乱が生じ、愛撫することともぎ取ること、味わうこととむさぼること、入り込むことと引き裂くことのあいだの境界線が曖昧になる。そしてその混乱は、聖餐《せいさん》のカニバリスムにまで至る。聖餐《せいさん》においては、「これがわたしの体である。食べなさい。これがわたしの血である」とイエスが弟子に命じたとされ、原罪が聖なる儀式になっている。

肉体は、愛撫されているというよりは強姦されている。ビロードの手袋というよりは、短刀に結びつく。肉体と語源を同じくする言葉に、虐殺、肉食獣、激しく襲いかかる、やせ細らせるなどがある。

肉体は、けがれ*、汚れ、不純、罪悪であり、卑しいものを連想させる。この世では、純粋なものや精神的なものと対比させている。どんな意味においても、肉体は死ぬものであり、われわれは、生身ゆえの弱さを持つ存在でしかない。肉体は、性と死の両方を物語っている。

女性が性的に貪欲になる以前は、欲情をかきたてる女性とは、体の丸みによって興奮させられていた（今もその点はかわりない！）肉付きのいい女性であった。女性の美の規範を拒食症の女性にすることで、肉体への執着を捨てたのであろうか。

ニンフォマニア　NYMPHOMANE

「神父様、修道院が燃えています。水をかけないと」聖水が、あまりにも興奮した女の激しい熱をさます。十八世紀から、激しい子宮（ド・ビエンヴィル、一七七一年）や性本能の病的な亢進（クラフト・エビング、一八九五年）に苦しむニンフォマニアの生理的欲望を鎮める努力がなされてきた。ニンフォマニアという語は、ナポレオン時代における女性の社会的地位の変更と同時に、認知されていった。人口の都市集中によって産児制限が必要になると、女性の性の目的を生殖から迂回させてしまう危険が生じる。やがて、未知で危険な性的な力が出現する。医師たちは、女性において、過敏な性器によって、享楽*の異常と性的思考の亢進という症状を引き起こす新しい病気の発生を認める。リビドー*は、飽くことを知らない。したがって、女性が絶えず性欲を抱くこともあり、放蕩への傾向は、自然であるとされた。

ニンフォマニアという語が、医学書から消え、セックスのとりこ、パンティの中のストロンボリ火山とも言われるニンフォという一般語に移行したのは、二十世紀のことである。ニンフォマニアは、男を遍歴していくことによって、男は、女を永久に満足させられない性のおもちゃになり、さらに不能を自覚させられることになる。母親のようでありながら誘惑的で人喰いのような恐ろしい顔つきが、くっきりと浮き上がる。ニンフォは、男食いである。

　軽蔑が恐怖と入れ替わり、ニンフォマニアは永遠の嫌われ者となった。横暴なセクシュアリティを満たすためにはどんな恥辱も気にかけない「多情女」、「尻軽女」に、男たちはもう興味を示さない。アメリカには、男女を問わず、孤独なセックスマニアたちの心の乱れを和らげることを目的にしているＳＡＡ（Sex Addicts Anonymous、無名のセックス依存[*]者たち）という団体がある。

　こうした激しい性欲は、愛情の欠如を埋めるために引き起こされている例も少なくない。「そのあいだだけは、何もかも忘れられる」と映画『愛の記念に』の主人公スザンヌは打ち明ける（モーリス・ピアラ、一九八三年）。男から男と渡り歩きながら、両親に捨てられた苦悩から遠ざかろうとするスザンヌ。「私を抱いて」という挑発の裏側に、「私を愛して」という子供の苦悩の叫び声が聞こえる。

背信行為（タブー） TRANSGRESSION（INTERDIT）

　古代ローマ人にとって、違反的な――横切る（transgredi）――セクシュアリティは、国の構造を危地に陥れるセクシュアリティを意味していた。パトリキは、自分よりも身分の低い（女性や奴隷）パートナーとの性行為において相手の言いなり（受身側）にはなり得なかった。キリストの降誕と共に、タブーは、宗教的になり、エロティシズムは不敬虔なものになった。姦淫*と淫乱は、罰せられた。生殖以外のセクシュアリティは、すべて逸脱になり、性と冒瀆的な言葉は、切り離せない関係になった。サドは、「私の最大の喜びは、勃起*している時に神に誓うことだ」と述べている。レイプ*、近親相姦*、小児性愛*の危険な首謀者はその時代の社会と法の境界を危うくする。「色好みは、果てしなく、無限で、並はずれた性的な力である。恐れなければならない」（『ジュスティーヌまたは美徳の不幸』一七九一年）。

　リベルタン*の論理は、逆らうべき道徳的秩序の持続を必要とする。禁止がなければ、誘惑もない。知識の木の果実は、食べることを禁じられていたのではないだろうか。あるいは、青ひげ公の妻が、入ることを厳しく禁じられていたのに、扉を開けてしまった唯一の部屋ではないだろうか。

規則をけなすことは、規則を主張する人と張り合い、自由の一部をつかむことを可能にする。ジョルジュ・バタイユにとって、不服従は、快そのものである。バタイユは、節度のなさと罪によって迂回することを通して、「肉の享楽の神聖さ」を追求し、背信行為の中で開花する伝統に手をつけたのである。

大人同士の合意の上でなされる性行為の多様性を推奨する規範の時代にあって、背信行為は、まだ可能であろうか。一八九五年、オスカー・ワイルドは、青年を誘惑したとして二年間の強制労働の罪に処されたが、こんにちでは、同性愛は、有名なファストフードチェーンの広告にまで利用されている。マンネリ化したカップルのセクシュアリティにぴりっとした興趣を添えられる小さな背信行為、たとえば、ポルノ鑑賞やスワッピングは、一般化しつつある。倒錯*は身近なものになったが、確固とした秩序の破壊は遠ざかっている。

ハイヒールのかかと　TALONS AIGUILLES

マリリンは、モンローウォークを強調するためにヒールの片方を低くしたという。ヒールは、女らしさとエロティシズム*に役立つものだろうか。ヒールは、魅了するアクセサリーとして、議論の的になる。褒めそやされることもあれば、品の悪さの象徴としてやり玉に挙げられることもある。機内では禁止だが、娼館では推奨され、(一九七〇年代の)男性優位主義者による女性抑圧の象徴でもあるヒールは、魅惑的な女性(とファッショニスタ)にとって、不可欠なものになった。

「スティレット」は、今から六〇年前に、イタリアで生まれた一〇センチメートル以上のヒールの名称であるが、薄い刃の短剣、穴を空ける道具と同じ語である。以来、フェラガモ、ルブタン、そしてロジェ・ヴィヴィエといったクリエーター（全員が男！）のファリックな想像力を燃え上がらせ、注文の多い女性客に向けて、刺をつけたバラの茎をイメージしたヒール、土踏まずが透けて見えるようなクリアソール、マドンナが「セックスより長持ちする」からと誂えたオーダーメードのヒールのようにバリエーションが増えている。

それほど、靴を履いた足は、性的でエロティックということである。足の甲から脚にかけては、オルガスムスのあいだの足の反り、享楽のアーチを思い出させる。ますますエスカレートする高さと（「いつか山を登って私に会いに来て」メイ・ウエスト）、ハイヒールの所有数（『セックス・アンド・ザ・シティ』のキャリー・ブラッドショー）には、ついていくしかない。サラは、もうぺしゃんこの靴では外出できない。裸のように感じてしまうからである。どんな男の中にも潜んでいるフェティシストは、（「女にはペニスはないが、ハイヒールがある」）ところで割に合う。「女性が自分の尻を台座につかせようとする」技術は、自分に欠けているものを忘れさせることに一役買っている。束の間は。

裸　NU

ビクトリア女王時代には、家畜の毛皮を身にまとっていた。露出はどこで始まったのであろうか。（みだらな）眼差しと、羞恥心*が出会うと露出が生まれる。三歳の娘と一緒に風呂に入っている父親が、これをいつ辞めるべきかと自問する。父親が、初めて娘と入浴した日のように、「目をぱっちりと開け、彼らは自分たちが裸であることを知った」のである。セクシュアリティの以前に裸はない。ヌーディストキャンプには、「裸」は誰一人おらず、ヘビのいないエデンの園のようである。アンデルセンの『皇帝の新しい着物（裸の王様）』で、「パパ。おちんちんを付けてそんなところで何してるの」という子供の真実の声だけが、王様が裸であるという事実を表わす。大人たちは、服従という着物を王に着せていたのである。

「どれほど魅力的であっても顔は露出部分にはならないが、美しい手は露出の始まりになる」ただし、マリヴォーの作品を読まなかったブルカの支持者に関しては、その限りではない。ブルカから、女性の下着*がデンタルフロスという異名を持つほど小さくなったコカパバーナまで、露出は相対的なものである。絵画の中で最も裸が描かれているのは、ゴヤの『着衣のマハ』と『裸のマハ』という対をなす作品ではなかろうか。だが、究極のふさふさした髪の毛と、はじらいのポーズには、裸であってもそこから（性的な）露出は微塵も感じられない。なぜなら、そこには、見せれば見せるほど、見るものがないという裸のパラドックスが存在するからである。セクシュアリティは、露出そのものよりも裸にしていくこととの関係がより強い。「女は舞台に登場するかのように裸になる」とポール・ヴァレリーは語っている。

バーチャル（インターネット上のセクシュアリティ） VIRTUEL（SEXUALITÉ INTERNET）

「パリジェンヌ。三十五歳。ブロンドの髪、青い目。優しく上品。好奇心旺盛で感受性豊か。紳士の男性求む。遊びの方、ご遠慮ください。」「活動的な五十代男性。褐色の髪、影のある雰囲気、背は高く、ロマンティック、地位は非常に高い。愛情に満ちた生活を二人で築くためかけがえのないパートナー求む。」

褐色の髪の男性は、背は低く、影はなく、とくにロマンティックでもない。女性の方は、あまり上品とは言えない。バーチャルは、理想化されたアバター、ナルシシズム的分身の、文字通り、「潜在的な」出会いの場であろうか。出会いサイト「ミーティック」は、かつての結婚相談所の役割を担っている。「検索対象の絞り込み」ボタンをクリックしていくと、理想のタイプのイメージ画像が自動的に作成される。すると、現実の女性に失望し、理想の女性を彫刻にしようとしたピグマリオンのように、自分のガラテアを見つけることができるというシステムである。

しかし、合成した人物像は、期待はずれのものであることが多い。パッチワークで仕上がったミュータントは、結局、非人間的な顔をしている。電話、チャット、ウェブカメラを利用したバーチャルロマンスは、生身の体との出会いから解放される可能性や、失望を巧みに避ける可能性を提供する。

かの有名な「3615 code ULA」は、服を脱いだ女の子たちがネット利用者に「ホットなおしゃべり」をしましょうと誘うオンライン広告の場を提供してきた。彼女たちは、不倫は無痛であり、ただ害があるのはコンピューターウィルスだけであるという確信を持って、交際の可能性とポルノの孤独とのあいだにある、中間的で中立のテリトリーを提供している。

　パソコン画面の前に身を置き、プライバシーを保つことができ、あらゆる抑制を取り払うよう促されるので、リスクのない恋愛の可能性を保つこともできる。これらは、欲望の孤立と言ってもよい症状である。欲望と禁止のあいだの完全な妥協であるバーチャルは、たとえそれが「目の喜び」にすぎないものであるにしても、禁止の壁を一部分のみ超えることで、欲望を一段階実現させることができる。ただ、性行為から距離を置くことが、――行為の代わりに言葉を用いること、つまり、ピンクの電話、チャットなど、さらにはウェブカメラ、窃視症者的快*によって――アクセサリー店にまで性行為を陳列することにはならないだろうかという問いは残るだろう。それは、過食症者的な禁欲*の形態である。

バックルーム　BACKROOM

　バックルームとは、文字どおりに、奥の部屋、裏の部屋で、私有施設（バー、ディスコ、セックスクラブ、サウナ）内に設けられた隔離された場所で、こっそりと性的関係をもちたい客が使用する離れた部屋のことである。ソフトゾーン（バー、ダンスフロアー）の中に興味を引く人物を見つけ、それから、気ままに性行為をするためにハードゾーンへと向かう。今では自由思想家の人びとに広がりを見せているバックルームは、七〇年代のアメリカの同性愛者のあいだで誕生した。不思議なことに、同性愛が沈黙を破り始めた頃に、バックルームの数は増加している。警察の力によって弾圧されていた同性愛者が――やむなく――長きに渡り利用していた、薄暗くて、人目につかない、秘密の恥ずべき場所に対する追悼のしるしであるかのようである。陰鬱で、じめじめして、強烈な臭いのするバックルームは、かつて「尿と便のあいだ（inter urinas et faeces）」で性行為が行なわれていた男性用公衆便所に取って代わった。バックルームには、簡単な設備（肛門性交用補助具のスリング、顔を見せずにフェラチオや肛門性交ができるよう壁にあけられた穴であるグローリーホールズ、刑務所や迷宮を思い出させるケージなど）が設けられていることが多い。そこは、セックス依存*の人たちの活動場所である。バックルームに隣接して、真っ暗なブラックルームが設けられていることもある。ブラックルームは、奥のまたその奥の部屋である。湿ったハンカチ、使用済みのコンドーム、小さな缶や驚きのものが散らばった床は、滑りやすくて危険である。何も見えないので、どうにもならない。そこで出会った肉体が行く道を決める。ここでは、欲望は、嗅覚と触覚の匿名性から生まれる。社会的なアイデンティティも姿もなく、ただ手で触れて、愛撫して、さぐりあう体の部分があるだけである。エイズの出現で、アメリカの大部分のこうした場所は閉鎖されてしまったが、ヨーロッパ諸国では、今もなお繁盛している。

張形（性具）　GODEMICHÉ

張形は、「不幸にも精力の弱い男の強力なライバル」で、開闢以来、使用されている特異、かつ巧妙な器具である。布や皮で作られた陰茎が、ペニスの代わりとなり、自由思想や臆病な女性が、女同士の楽しみごとで用いる。『近代エロティック辞典』（一八六四年）では、張形についてこのように説明している。その存在感と、――性具（大人のおもちゃ）のネット販売は非常に盛んである――時代や文明を経ても存在し続けていることが、ファルスやそれが与える魅惑へのオマージュを物語っている。fascinus は、ギリシア語の phallos（ファルス、男根）にあたるラテン語で、彫刻に Hic habitat felicitas（ここに幸住めり）という文字が刻まれている（『謎の別荘』スタンダール、一八二八年）。ファルスが崇拝の対象（ディオニュソス、ヘルメス）であるとすれば、張形は、要望に応えて、期待をけっして裏切らないように尽くす孤独な下僕である。ブラッサンスは、『メラニー』で、メラニーには、「値ははるが極上の儀式用ろうそくを管に突っ込む癖がある」と歌った。（フランス革命の直前に）反王室側が流布させた文書では、マリー・アントワネットが、マスターベーションをしていると書かれている。「修道院で発明された優れ物を用いて／熱くなった私のあそこを慰めてくれる／私の指先よりも上手に（『王室の張形』一七八九年）。夫の代わりにということである。

男のペニスには、指のようには自由がきかず（マルティアリス『エピグラム』）*、平凡であったり、勃起の強さが充分でないなど、いつも何かが足りないからである。その点、張形（ラテン語 gaude mihi は、「私を喜ばせなさい」の意味）は萎えることがないのでその点を改善してくれる。

張形の使用は、性交渉の問題と、不確かな出会いの問題を追い払ってくれる。「気持ちを落ちつかせてくれるこのおもちゃは、非常に役に立つし、とても心地よい。それを使えば、快楽が得られる。しかも、妊娠の心配もない」（性愛文学、十八世紀）。

ハレム　HAREM

赤みがかったブロンドの髪に包まれた象牙色の肌と大きな青い瞳。扇情的で官能的なオダリスクは、横たわり、言い寄ろうとする男を上目遣いに見る。この男は、まさしく画家のジャン・オーギュスト・ドミニク・アングルである。彼は、十九世紀の他の多くのオリエンタリストと同様に、物憂げな魅力をたたえる裸の女たちであふれるハレムを描いた。ところが、アングルは、一度もハレムに足を踏み入れたことはなく、彼の描いた画は純粋に想像の産物であった。こうした例は、けっして特殊なものではなく、ハレムはとくに西洋の男に性的全能のファンタスムをかき立ててきたのである。ハレムという言葉が、男に禁じられた場所を意味するものであったとしても、――harâm はイスラム語で「タブー」を意味し、反対に halâl は「許された」の意味になる――ハレムは、淫乱の場で、欲望を満たす場所として認識されている。実際に、ハレムにはただ一人の男だけが、入ることを許され、そこにいるすべての女が、その男のものという特殊性がある。ひとりの女に限られることがなく、自分が男たちの中のひとりでしかないというフラストレーションからも逃れられる。これこそが、ハレムにできて、娼館*にはできない点である。すべての女を言いなりにできる男が、自分だけであるとは、実に満足というものだ。「ハレム」を自慢する男の快の起源がそこにある。

イスラム教の天国は、こうしたハレムと混同されるほど類似している。アラーの庭には、フーリーと呼ばれる黒い大きな目をした七〇人の永遠の処女たちが、館の中の緑の毛布やふわふわの絨毯の上で「善良な男」を待っている。それはいわゆるハレムに細部まで近似した天国のようなハレムである。

だが、男はこれらの処女たちを独り占めすることはできなくなり、仲間たちと共有することになる。ここで、面白いことに、フーリーと娼館の女が結びつく。ドイツ語の hure と英語の whore は、どちらも売春婦の意味であるが、明らかに神学者が拒否するような語源的な欲望をそそる響きを持っている。*

一目ぼれ（雷の一撃）　COUP DE FOUDRE

他の言語で、「一目ぼれ」は、love at first sight や amor a primer vista と表現される。一目で落ちることは充分にあり得る。フランス語は、雷雨を使った隠喩を好む言語である。雷、磁気、稲妻の閃光は、恋へと「落とす一撃」の暴力性や突然さを表わすために連想される。

ギリシア神話では、ゼウスの武器で、象徴的な持ち物でもある雷霆《らいてい》は、ゼウスが振りかざして警告、罰、破壊に使う炎の投げ槍の束である。しかし、エロスの矢は、他人の存在によって、心臓を突き、動転させ、啞然とさせ、瞬時に魅了させ、心を動揺させる。「妖精が少し歩いたり、まばたいたりするなど、雷を落とすには、一見したところほんの僅かな動きで足りた」（バンジャマン・ペレ、『彗星の核』一九五六年）。ささいなことが、しまい込んだ子供の感情を目覚めさせる力を持っている。童話に登場するような美しい王女やおとぎ話の王子様を待ちわびる気持ちは、いくつになっても目覚める。ウィンクひとつで（またたく間に）、奇妙で消し難い感情が生まれる。必ずしもお互いにそうした感情を抱くとは限らないのであるが。スタンダールは、雷がうららかな空を突き刺すことはないと語っている。

雷は、伝導性の物体に垂直に襲いかかり、火事を発生させることがある。人の場合、恋愛感情の閃光が、存在を引き裂き、輝かせると、疑いを持つ理性をどこかに運び去り、日常や疲労や退屈を追い払ってしまう。理想化が、とりつかれた動揺を伴った感情を支配するのである。再会の場面では、あらゆるものがきらめいて、陰鬱なホテルの部屋ですらきらきら光っているように目に映る。一目ぼれは、カップルの始まりを英雄的な瞬間にする。ある人にとっては神話で、またある人にとっては奇跡である一目ぼれは、恋人たちを魅了する。

ファンタスム　FANTASME

一九七三年に出版された『私の秘密の花園』（ナンシー・フライデー著）は、女性のファンタスムという秘密の花園を秘密のない公園に作り上げ、それが多くの読者を魅力した。これは、ファンタスムに触れている女性たちの証言を見出していこうとした作品である。ナンシー・フライデーのこの小説の「新発見」は、女性も幻想を抱くことを明らかにしたことであろう。以来、男性と女性のファンタスムの違いに注目して、彼女たちの証言の収集がなされるようになった。女性のファンタスムは、レイプ*のファンタスムである。ファンタスムのシナリオでは、強姦する男は、マスクを付けておらず、恐ろしい顔つきでもなく、美男子である。制服を着た権力者で、言葉遣いが巧みで、キスをして、享楽*に満たされた女を残して立ち去る強引な欲望を持った男。女は受身で、抑えこまれたら、なす術がないとみずからの享楽に対して、後ろめたさのかけらも感じてはいない。一方、男のファンタスムは、ハレム*である。女はすべて自分のもの。有名人や妻の女友達の中から、好きな女を選ぶことができる。空想のエロティックなシナリオでできたファンタスムは、炭火に息を吹きかけ、禁じられた欲望、後ろめたい快の炎をかき立て、「実現」に向かって止まらなくなってしまう。「マスターベーションでは、誰とでもやれる。」

ファンタスムと性生活は、鶏と卵のような関係にある。ファンタスムが、性生活を育むこともあれば、逆のパターンもある。ファンタスムは、幼児的セクシュアリティに由来しているが、その痕跡を保持している。肉体*に刷り込まれたファンタスムは、その源であるプシケーの側から、さざ波を立てるのである。

ボノボ*には、相手が実在していることが必要である。人間の場合は、思考、イメージなどごく僅かなものであればいい。しかし、この僅かなものというものは、性行為の実現を危険にさらすことにもなり得る。ルシアという三十代の女性は、性行為をしなくなった。性行為が恐ろしいのである。性行為に及ぼうとすると、いつも同じイメージが浮かび出るのだ。行き止まりに追い詰められ、顔の見えない男にレイプされる。彼女の場合、欲望が恐怖に姿を変えてしまっている。

フィストファック　FIST FUCKING

一般的にゲイ・クラブのバックルーム*で行なわれる。革製のひもと金属製の鎖でできた特殊な吊り椅子、スリングに裸の男が横たわり、手袋をはめて立っているもうひとりの男に肛門を見せる。場の雰囲気は決まって、ハードである。過激な性行為の世界では、英語が用いられる。「フィスト（fist）」は握りこぶし、「ファッキング（fucking）」はセックスを意味する。フィストファックは、五〇年代にアメリカのゲイの人びとのあいだで始まったとされているが、サドの『閨房哲学』で「フートゥルデユー、私は絶頂に達してしまった。手首まで突っ込んでおくれ」と叫ぶドルマンセの場面は、フィストファックを連想させる。手と前腕を肛門に挿入するのが、フィストファックのテクニックである。フーコーは、「肛門ヨガ」としてフィストファックについて語っているが、この危険を伴う性行為の破壊的暴力性の部分を無視することはできない。フィストファックでは、（フィストされる側の）括約筋と、（フィストする側の）手の動きをコントロールすることで、絶頂にまで至らせる。フィストされる側は、内側からされていると感じ、フィストする側の手は、腹の中で熱情と震えを感じとる。フィストファックとは、母胎への回帰のファンタスムを奇妙な形で実現するものなのであろうか。手で動きを与えるマリオネットのようなもので、フィストされる者は、より上手にする側の手をコントロールし、ペニスは取るに足りないものであることを証明するためにその手を罠にかけているのである。

男女間のハードポルノでは、女性の身体には手を入れることのできる穴が二か所あるためにバリエーションが増える。ここでは過激さこそが必要なものであり、普通のフィストの後で、どちらかの穴に両方の手を入れたり、両方の穴に片手ずつを入れるダブルフィストと呼ばれる行為が現われた。栓をすることで、すべての欲望の扉を閉じたことを確認できるのであろう。

夫婦間の義務　DEVOIR CONJUGAL

「そこに手を置く権利があるのかな。ええ、どうぞ。それが権利にならないように気をつけましょうね。」トリュフォー監督の『柔らかい肌』（一九六四年）でキャビン・アテンダントとその恋人が、談笑する場面の会話である。夫婦間の性的関係において、権利は義務をほのめかすと言ったのは誰であったか。夫婦の義務が生じるとき、暴力や心配が見え始める。相手から距離を置きたくなり、やがて、ふたりの関係は破綻する。

社会的なステータス（カップル／結婚）とセクシュアリティが結びつき、確かに微妙な問題ではある。ナポレオン法典（一八〇四年）では、既婚女性は、罪人や精神障害者と同じように法的権利を奪われ、未成年扱いされた。刑法典（一八一〇年）では、責任としての「夫婦間の義務」を制定し、夫婦間の強姦はないものとされた。その法典では「女性と母胎は男性の所有物である。」と明記されている。

現代では、民法典の第二一五条に「生涯の共同体」に対して「夫婦は、義務を負い、相互に尊敬し、誠実で、助け合わなければならない」とあるが、詳細については明記されていない。性的な問題は、離婚裁判を通して、「夫婦関係の決定的な悪化」として現われることはあっても、法典で明白に言及されることはなくなった。

夫婦とは、配偶者以外の人とのあいだに性関係をもってしまうかもしれないという肉体の弱さ*を改善するために互いに「相互義務」（聖アウグスティヌス）の関係にあるものであろうか。性的解放*は、男女同数（平等）の問題を伴いながら進んでいった。現代のカップルに唯一課されている義務は、より一層の性的快楽ではなかろうか。現代のカップルは、早いうまいでなければならない。性的にも、生殖的にも。さもなければ……。

しかし、義務は命あるものの感情をかきたて、苛立たせ、気持ちを切り替えさせ、生き生きとさせる*欲望と韻を踏まない。「身をまかせねばならないからというので身をまかせる女は嫌いだ。どんな女にも。お務めを果たしてもらいたいとは思わない」（オウィディウス）。

フェラチオ　FELLATION

『これはパイプではない』パイプを描いたマグリットの絵画の題名である。描かれたパイプの裏には、別の意味が隠されている。それはフェラチオという意味であり、おごそかなラテン語のベールで覆われている。当時の趣を取り戻すには、死語を蘇らせる必要がある。Fellareには、しゃぶるとか、すするという意味がある。男と女が入れ替わり、母親が乳を与えるように、男がペニスを「与える」ようになったことを除けば、日常語となり、母乳を飲む場合や、幼児の喜びに満ちた様子を思わせる幼児時の言葉である。クリントンとモニカの関係において、口唇的な快は、「体位を変えた親密な接触」の味がしたと記されている（クリントンとモニカ・ルインスキー）。ゲンズブールの曲「Les sucettes（アニーとボンボン）」では、「アニス風味の大麦糖がアニーの喉を流れる。棒付きキャンディーをなめていると天国にいるみたい。」とフランス・ギャルが無邪気にささやいている。

セクシュアリティのローマ表記では、（十九世紀末から使用されるようになった新しい言葉）フェラチオではなく、イラマチオと呼ばれていた。イラマチオは、女性や奴隷の口に男性器を入れるが、しゃぶることはしない。ローマでは、その行為の受身でおぞましい側面で用いられる以外に、告発にも登場する。「オクタウィアの膣は、おまえの口よりも清潔だ」という告発である。皇帝ネロが、不貞のかどで妻オクタウィアを中傷した際に、そのネロ自身を非難した台詞である（タキトゥス）。

イラマチオからフェラチオまで、言語は微妙に変化したが、女をひざまずかせるといった男性の支配するリビドー（libido dominandi）のイメージは変わることはなかった。ここに、いくつかのニュアンスが加わると、やや不安が生じる。「いいわ。しゃぶるときはひざまずく。ただし、玉をひっぱりながらよ」とは、セックス・アンド・ザ・シティーの主人公の台詞である。フェラチオは、想像界の歯のある膣（ヴァギナ・デンタタ）のファンタスムを現実の境界に移行させる。権力は、些細なことで突然、地に落ちた。ユーモアのある人たちに「世界で最も力のある男、クリントン」、そのおちはくるぶしまでのズボンと揶揄された。

不潔なもの　COCHONNERIE

「ねえ、おばあちゃん。上の寝室で物音がするけどあれはなに？　」「あら、何でもないわよ。（豚のように）汚いものよ。」この不可解な文章は、（不潔なものが何でもない理由がない）四十歳くらいの男性が、精神分析家に語ったものである。彼は、性的な物事に対する不潔感をぬぐい去ることができないでいた。物音は、動物の音であり、寝ころがる豚の音である。

空想家フーリエは、汚いもの好きな子供の自然な性癖をごみ掃除に利用することを勧めた。子供はごみの中で転げ回ることがとても好きなので、それを活用できると考えたのである。

では、なぜ不潔さは、かくも魅力的なのだろうか。けがれた*動物を思い起こさせるこの言葉が、なぜ性的行為を「表わす」ために用いられるのだろうか。卑下すること*の喜び、けがれの喜びは、肛門性を最高の位置まで昇進させる。性的なトーテム動物は、不潔さや自分の糞便を楽しむ。「豚のように汚い」と別の患者は、嬉々として言う。「自尊心は、長くは続かない。」いい加減にやるために、道徳的な姿勢をやめてしまう。そして、そのだらしなさこそが刺激的なのである。たとえば学食での若者たちの光景について考えてみよう。食べ物を顔にぶつけあっているのは、幼少時代に退行する瞬間であるが、これは、まだ大人のセクシュアリティを受け入れる前の代理行動である。

三歳から五歳にかけて、子供は「おしっこ、うんち」という言葉を連発する。口と肛門を関連付けること自体を面白がっているかのようである。口と肛門がごっちゃになり、二つの言葉が、糞便に相当する語になる。排便するように話し、みだらに（gras）笑う。退行の喜びであり、セクシュアリティを肛門性へと向かわせる幼児の性理論への回帰である。つまり、性器は掃き溜めである。不潔なものは、ヒエラルキーを逆転させ、汚さをエロティシズム*の頂点にする。

不純な、けがれた　IMPUR, SOUILLURE

レオは、女性を理想化の混じった愛によって愛している。女性を汚すことを恐れて、女性の身体の内側を楽しむことができない。彼にとっては、セックスをすること、イコール「汚すこと」である。彼には、汚されることに女性がなぜ耐えられるのか理解ができない。

　精液は月経血とともに、「純粋」なのか「不純」なのかを判断されることによって、文化的、歴史的変遷に任せながら、選ばれた対象となっている。「汚染」が体液／分泌物*に関係するのは、性器が、病気を感染させる可能性のある糞便に近いからである。それをそのまま自然界にあてはめることはできないが、——糞便に対する強い嫌悪は、動物界では知られていない——世俗のきたないものと神聖な汚れは、つねに同じ恣意性によって定義される（メアリー・ダグラス）。きたないものは身体に関わり、汚れは魂に宿る。きたないものは、他者の嫌悪を引き起こし、汚れは神との断絶を意味する。

　不純に対して、男女は平等ではない。人類は、一般的に不純とされるが、不純はとくに女と関連がある。子供が性器を通過して処女でいられるのだろうかと、イエスの母マリアの出産に当惑した中世の神学者らは、「閉ざされた外陰部と子宮」で行なわれたという結論を出した。確かに、女性と不純の方程式が、三つの一神教〔ユダヤ教、キリスト教、イスラム教〕の唯一の事実ではない。キリスト教の教父は、とくに厳しく、「女性の肌の魅力の下には、粘液と血と体液、それと胆汁しかない」（テルトゥリアヌス）とされた。イスラム教徒の女性が顔や全身を覆うブルカは、肌さえみせることができないものであることを表わしている。しかし、時には、純粋さと純化のあいだに、僅かな和解を見いだすことも可能である。「ハンマーム（中東の公衆浴場）に行く」という表現には、「セックスをする」という意味がある。

性交渉が自由な時代にあって、不純、汚れ、汚染などは、どれも遥か遠くに行ってしまった感があるが、果たしてそうであろうか。レオは現代の男性である。聖母マリアと売春婦*のあいだに位置する男は、そのどちらにも近い場所にいる。

侮辱、冒瀆　INSULTE, INJURE

ふたりのドライバーが罵りあっている。ついに、一方が他方に向かって二の句を継がせないようなとどめの一言を放つ。「ブサイクだな。母親に頼んで作り直してもらってこい」

侮辱は攻撃である。侮辱は saltare（襲いかかる）。冒瀆には、誠実さを侵害するという意味が加わる。苦しめながら凌辱するという二重の任務を完遂するには、最も神聖な、原初的な愛の対象、つまり、全く汚れをもっていないと夢想されている人物を汚すだけでよい。スペイン語の Hijo de puta! は、どの言語にも翻訳される侮辱表現であるが、スペイン語が発祥であるとの裏付けはない。そのバリエーションは、ずばり性器に触れるものもあり、cuni a mamman は、フランス語でよく知られる侮辱表現 con de ta mère「おまえの母親の性器」を意味するクレオール語である。汚い女性器を意味する古い表現の sale con は、同じ意味であるが控え目な表現であり、このクレオール語の意味を失っている。

侮辱の表現に利用される分野は、セクシュアリティに限らないが、それでもセクシュアリティは最も強い偶発的なものをもたらす。セクシュアリティでないにしても、いくつかの特権的な側面というものがある。それは、汚すこと、冒瀆することであり、肛門性は、おのずと他者を merdeux（糞）で汚すのに利用される。肛門に関するものに依拠していることが明白でない場合でも、gros（太い、大きい）やsale（汚い）という形容詞が侮辱に結びつき、侮辱の意味が込められていることをほのめかしている。

侮辱は、性的であるだけではなく、性別を持っている。侮辱は、攻略する。おかま野郎！　ケツの穴（バカ野郎）！　などの表現で犠牲者を射ぬく。また、人を侮辱しようと思えば、女をpute（売春婦）にすれば万能の表現になり（salope（あばずれ）は、肛門と性器を結びつける）、男を女にする表現てしまえ）もある。侮辱は、どんな場合にも人を女性にしてしまうが、去勢の表現を用いたものもある（なよなよしたこう丸、性器を手で愛撫する男など）。

侮辱する側の性別に関わらず、侮辱とは、攻撃的で勃起したファルスが犯す、唾と射精のあいだでの、性的な行為である。こんにちの青年が、あからさまに、「そんなの知ったことかとか（Je m'en bats les couilles.）」と言うのを耳にすることは珍しくなくなった。

プライバシー、親密さ　INTIMITÉ

プライバシーは、窃視症者の視線、こっそりと監視されること、さらに、性愛の営みの公開性に抵抗する最後の城壁であろうか。プライバシーが侵害された場合、法律では私生活のプライバシー――これは冗語法であるが――の保護に留意している。私的な個人の健康管理、個人の新聞、個人の信条など、さらに個人の通信、交友関係、恋人たちなどについてのプライバシーである。プライバシーは、脅かされることはしばしばであっても、けっして威嚇的でなく、つねに私的だが共有しうることもある。それを保護する分だけ、自分を守ってくれるのがプライバシーである。自分の家や自分自身の中にプライバシーはある。しかも、部屋やトイレの扉を握っているのは自分である。扉や所有物がなくなってしまうことがあれば（オープン・スペース）、自分のプライバシーと相手のプライバシーのみが（プライバシーにおいて、ふたり以上ということは稀である）、寂寥感を前にして、最後の所有物となるであろう。「プライバシー。それは尊重すべきものである。」とフローベールは語っている。

自分のプライバシーは相手のプライバシーと対立するのだろうか。パトリス・シェローの映画『親密』（二〇〇一年）では、プシケーを前にしたエロスのように、男が水曜日の午後に見知らぬ女と強い肉体の喜びを分かち合うだけでは飽き足らず、さらに女の日常生活を追いつつ女のことをより知ろうとしたことで、愛人関係の契約が破たんする。

よそよそしさは、親密さを打ち砕いてしまう。だが、度を越した親密さも息が詰まってしまう。親密な関係は、恋人同士を燃え上がらせることも遠ざけることもある。生涯独身を貫いたアミエルは『アミエルの日記』（一八二二年）において、「打ち明け話のできる相手、つまり友人や妻の代わりになる人で、ゼロを媒介にすることができる」と書いている。孤独やくだらなさ、自己の忘却や絶望などへの対策として、小さくて偉大な自我に惨めに頼ろうとする（モーリス・ブランショ）。メランコリーから立ち直るために、Ｗｅｂカメラを通して自分のプライバシーのすべてか一部を人に見せることで、存在をより（強く）感じることができる。幾度か繰り返し再生されると激弱する感覚は、ヴァーチャリティと匿名性の中に埋没してしまう。

精神分析家の診察室内で語り合うふたりの取引は、明白でありながら、親密さがわかりにくい行為である。「人が語ると、もっとはっきりする」暗がりで寝ている子供が、聞いている子供に語る。われわれは誰しもこの子供である。しかし、プライバシーについて語ろうが語るまいが「私」がプライバシーを支配するには程遠い。「私」がさらに厳密な親密さを求めるときには、われわれも複数なのである。

ペニス、ファルス、おちんちん　PÉNIS, PHALLUS, BITE, ZIZI

ペニスは、「知性を有している。つまり、それを興奮させようとする意志に反して、抵抗したり、自分の思うままに振る舞ったりする。持ち主の許可なく、持ち主に知られることなく動くこともあるペニスは、あくまでもみずからの衝動にのみ従う。人が眠るとペニスは目覚め、人が目を覚めるとペニスは眠る。幾度となく人がペニスを使おうとしてもペニスがそれを拒み、また幾度となくペニスが望んでも人がそれを禁じる」（レオナルド・ダ・ヴィンチ）。人かペニスか、どちらがもう一方の付属物なのかよくわからない。モーリス・ピアラ監督の映画『ルル』（一九八〇年）で、愛にあこがれるルルが、落ち込んだ様子でもらした「結局、女が欲しいのはペニスさ」という言葉は、フロイトが「ペニス羨望」と名付けたものを露骨に表現したものである。

独裁君主のペニスからファルスまでは、それほどの開きはない。ポンペイ遺跡の秘儀荘にあるフレスコ画を見れば、ファルスは神であり、domus（家）全体がファルスを崇拝の対象にしていたことがわかる。だが、ファルスとペニスのあいだには、本質的な違いが存在する。ファルスは、（永遠の）勃起しか知らないのに対して、性行為後の萎えや失敗*といったあまりに人間的なあり方は、ペニスの宿命である。ファルスの大きさは問題にならないが、ペニスはそうはいかない。休み時間の校庭で、いつも一センチ短いと悩むことになる。不平等に与えられたペニスの大きさは、変わることがないので、つい、父親、兄弟、友達、先輩と大きさを比較してしまうことになる。人は、不安が大きいと、自分のものにこだわるようになる。bite《ビット》（おちんちん）というスラングが、船をつなぐ岸壁のbitte（ビット）をどうしても連想させてしまうことは面白いと思う。ビットとは、船の安全のための固定点で、ブロンズで鋳込まれ、場合によっては危険になるかもしれない航海の出航の前に、つないだロープを止めて船を固定しておく設備である。

ペニス、ビット、ファルスという表現より古いものにジジがある。ペニスを指して用いられる、小鳥、ゾジオ、ジジなどは、「ママ」の歌の言葉である。息子のペニスは、母親たちの期待するレベルにないことを歌にした訳である。

勃起する、濡れる　BANDER, MOUILLER

勃起したり、濡れることとは、思春期には大変な驚きである。他人に対する欲望によって引き起こされた興奮が、性器を支配してしまうのだ。ルイは、十三歳の頃、ぶらんこに乗ったいとこの女の子のパンツが、ちらっと見えた途端にペニスが硬くなり、心の動揺は激しさを増し、我慢が限界に達したところで、変な液体が出たら鎮まった日のことを忘れはしない。多くの少年や少女にとって、体育の授業中に「綱登り」をすることが、初めての充足になるだろう。

ジョルジュ・ブラッサンスは、「フェルナンドのことを考えると、ボッキする。ボッキする。ところがリュリュのことを考えるとボッキしないんだ。ボッキってのは、パパ、自分でコントロールできないんだね」と歌ったが、こんにち、勃起は、薬で引き起こしたり、前もって計画して引き起こしたりするようになった。性的欲望を失った女性が、飲むと「濡れる」ピルはいつできるのだろうか。男性と女性では、どちらがより享楽を得られるのかという気になる比較では、ゼウスとヘラが、その点をめぐり夫婦喧嘩をしているが、その答えは昔も今も変わらない。「濡れているという言い方では真理には遠く及ばない。彼女は濡れているどころか、洪水だった。運河からあふれ出していたのさ」(映画『バルスゥーズ』ベルトラン・ブリエ監督、一九七四年)。*

男と女は、固体と液体、アーチと溝、山と海のように正反対である。男のものは、そびえ立ち、目に見えるが、女のものは湿って、隠れている。くだけた表現では、精液がにじみ出た状態を男性が「濡れる」、女性のクリトリスが「勃起する」とも言われる。男女共に、乳房を硬くすることはできるし、「射精」しないと婦人科を受診する女性もいる。おそらく、サドの小説に登場する女性の「愛液を射出する」くだりを読んだせいであろう。一方の性の享楽から他方の性の享楽に大雑把に単純化すること、ファルスを優先することが、性差を取り除き、暗黒大陸〔フロイトが女性性を表わすために用いた比喩〕を用心深く回避している。

ボノボ　BONOBO

自然の行為なのか、あるいはアフリカにおけるキリスト教の布教活動の結果なのか。ともあれ、ボノボが正常位で性行為をするのは事実である。コンゴの森の奥深くに生息するボノボは、霊長類の中でヒトに最も近い生物で、ヒトと動物のセクシュアリティを区別する境界を不明瞭にしてしまう。ヒトが「動物のような性行為をする」ことはある。だが、動物がヒトと同じような性行為をするとは……。東洋のエロティック・アートで列挙されているようなアクロバット的な一〇〇種類ほどもある体位の数に遠く及ばないのは当然としても、哺乳類に共通の後背位と、向かい合う体位の少なくとも二種類がある。ふたつの選択肢から一方を選ぶことが、本能が強いる姿から解放される第一歩となる。しかし、ボノボにとっての性行為はそれに留まらない。ボノボは、仲間内で権力闘争が発生した場合に、それを治める解決策として進んで性行為を利用する。しかも、その際の相手の性別は、雄雌どちらであろうが、無視されてしまうのである。

ボノボの場合、向かい合って性行為をするといっても、互いの顔をまともに見つめ合うことはない。ボノボにその余裕はない。何しろ彼らの性行為は一〇秒以内で終わり、早漏*やそれに伴う不安が入り込む余地などない。この早さでは、体位を変えてみようなどと思いつくことも許されず、ましてや前戯に時間を費やすことなどあり得ない。動物行動学者の擬人観では、動物の仲間となって、動物の行動を観察した結果に基づいて動物に接近する方法を取る。動物では、ファンタスム*、抑圧、不安、欲望と禁止の侵犯的働き、穴（口と肛門）や付属物（指や舌）を多様にしていく幼児期の根ざしは観察されていない。これらは、すべて人間のセクシュアリティを引き立てるものである。いつの日か、若い雄のボノボが、それまで手を出したくてもボス猿から近寄ることを禁じられていた雌を征服できるようになれば、あるいは、こらえ難い欲望をかなえてしまいそうになりながらも、一時的な性的不能*に陥るようなことになるならば、その時こそボノボはわれわれ人類の仲間となるであろう。

ポルノ　PORNO

「狭い扉を突き破る」「肛門教育」「いいなりの雌犬」など、ポルノのイメージは、想像の世界が吹き飛んでしまうくらい生々しい。ポルノグラフィからギリシア語で作品を意味する接尾辞のグラフィが消えてポルノになったことは、ポンペイの売春宿のフレスコ画やマルキ・ド・サドの著作、アポリネールの『一万一千本の鞭』を生み出した芸術的な領域が廃れたことと符合している。ポルノにおいて、身体はカメラという外科的な視線にさらされた性の道具である。陰毛を剃り落とされた女性器をクローズアップして、あらゆる秘密が取り除かれる。外陰部をさらけ出され、『世界の起源』（クールベ）が秘密にしていたもののベールが取り除かれたのである。

ポルノの流行はビデオに負うところが甚大であるが、ポルノ映画は映画といえるものではなく、ハーダーは役者でもない。フィクションは、最もシンプルな表現になっている。ありふれた場面は、背信行為*の出現に必要な正常な状態という基盤を保証するものである。「主役が、AからBに行くために、あなたが望むよりもゆっくりと時間をかけるのが、ポルノ映画である」とウンベルト・エーコは皮肉っている（『サケと旅する方法』一九九二年）。このロスタイムが、フェラチオ、膣挿入、肛門挿入、顔面射精などのステレオタイプな連続につながった。ポルノのイメージは、マスターベーション*と反復強迫のリズムにぴったりとはまっている。

恋愛はもとより、魅惑も前戯*もおさらばの世界である。ポルノの女性は、乳房*や性器や尻*はあるが、顔のない卑下された女*、みだらな女だ。これは、男が抱く一般的なファンタスムの価値に従った女性像でもある。女性が、眠っている夫婦のリビドーを目覚めさせるためにポルノを見るように勧められても、演出を取り仕切っているのは、つねに男のファンタスムである。

かつて、少年は、大人の裸に対する好奇心を満たすために知略をめぐらさなければならなかった。ミロのヴィーナスやミケランジェロのダビデ像で我慢しなければならなくても仕方がなかった。ところが、今や、インターネットのために、充実した画像に簡単にアクセスできる。知識を得る時間を短縮するどころか、ポルノ画像は、本質を見ることの妨げになっている。いつも自分の思い通りになると思っているのに、他者の欲望を考えることなどできるのだろうか。

魔性の女　FEMME FATALE

一九四〇年代のハリウッド映画に登場する、魔性の女は、プラチナブロンドの髪、黒の毛皮を身にまとい、ハイヒールを履き、シガレットホルダーを手にしている。女らしさを異様に強調するアクセサリーと装いで、網にかけた男を魅了し、その男を破滅、自殺に追い込み自滅させるばかりか、金を払って男を殺させることもある。一見したところ、魔性の女は、男性的な支配と関連性があるように見えるが、深くて暗い理由のために、それは徹底的に否定される。つまり、魔性の女は、美貌の誘惑に抵抗できない弱い男の行く末をめちゃめちゃにする運命の近代的なイメージとして現われる。

「魔性の女」は、十九世紀、女性の政治的、社会的な力が強まったことへの恐れの産物である。しかし、メリメのカルメン、ヴェーデキントのルルなどは、古代の娘たち、トロイのエレーヌ、クレオパトラ、メッサリナ、オムパレー、デリラ、サロメ、ユディットなど、ロマン派によって当世風に書きかえられた女性たちである。彼女たちの母親は、最初に創造されたリリスである。飽くことを知らないセクシュアリティの持ち主リリスは、アダムとは同等で、セックスで自分が下になることを拒んだ。このように男に対してノンをつきつけ、女性の享楽を優位な位置に置き、「誰も私を喜ばせてくれない」と嘆く女性の冷感症*もその変形のひとつでしかなく、献身的でかわいい妻たちとは正反対に、ファルスの優位に軽視と無関心の激しい屈辱を打ち据える魔性の女の系譜を脈々と保っているのである。

魔性の女とは、女が男にとって致死的であることを男に思い起こさせる。魔性の女によって、男の権力はちっぽけなものにされ、男の欲望はけんもほろろに失望され、悔恨も後悔もなく、息の根まで止められてしまう。魔性の女は、自分を食い入るように見つめる男に自分自身を映し、ナルシスのようにうっとりと見とれる。冷やかでファリックな面において、魔性の女は、同じような恐ろしいイメージの中に、母親、去勢、死などを凝集させることによって魅惑するメデューサに似ている。とりわけ男のファンタスム*として存在する魔性の女は、女の欲望によってというよりは、男が女をつまり本性上到達不能な最初の女である母親のイメージの女を所有しようという満たされない欲望によって、悪をほめたたえるのである。

マスターベーション　MASTURBATION

ジュールは若い男性である。生まれて初めて女性と一緒に暮らそうとしている。ふたりで生活するとなれば、今までのようにはいかないだろうと不安がよぎる。好きな時間に食事をとることも、テレビの前でピザをほおばることも、すべてを後回しにすることも、その日に片づけられることも翌日に先延ばしにすることも、それから遊び仲間の急な呼び出しに応じることも、すべてできなくなってしまう。

精神分析家「若者の生活に終止符を打つのですか」

患者「……私は、もうオナニーができなくなると思ったのです」

マスターベーションは、ラテン語で「手」と「けがれ*」を意味するmanus strupatioを結合した語である。十八世紀から十九世紀にかけての啓蒙時代に、マスターベーションを忌み嫌う感情が、反啓蒙主義的な頂点に達したとは、奇妙な話である。法律上の罪や宗教上の罪は病気に屈し、告白者は医者に屈する。かつては宗教的、倫理的なものであった「自慰」の禁止の根拠が、「科学的」になる。マスターベーションは、自分ではそうと気付いていないが、自分の生命の液を惜しげもなく使う自殺行為である。呼吸を失い、結核の危険が迫るのは、マスターベーションをしているときである。だが、あらゆるリスクの中で、白痴と狂気のリスクが最も大きいとされていた。マスターベーションは、知性と感覚を枯渇させ、実体のある存在を空にする。デュトロンは、「しぼり過ぎると、レモンはからっぽになる」と歌っている。今でも、強迫的にマスターベーションを実践することに不安を抱き、大昔から性器（性欲）と死を結びつけていた苦悩を想像する若者は珍しくない。

時代は変わり、この行為は、非難に代わりほとんど称賛されるほどになった。ウッディ・アレンは、マスターベーションをすることは、「愛する人とセックスをすることだ」と語っている。自由が、明らかに勝利したのである。産業も勝利した。ポルノグラフィー*は、そのほとんどがマスターベーション向けである。「性的快感を味わいなさい！」は、「それに触れるな！」と同じように圧迫感を与えるようになったのである。

マスターベーションにおいて、男女は平等であろうか。男子は、勃起するので萎えないことは難しい。一方、女子の場合は、形として目に見えないことが未知のものに加えられる。さらに、そもそも興奮と苦悩の葛藤がないのである。

真昼の悪魔　DÉMON DE MIDI

「真昼の悪魔」の起源は、生理学的な運命でも退廃した社会でもない。ギリシア語で書かれたモーセ五書の翻訳である七〇人訳聖書の、夜中の恐怖と対比させた「真昼に猛威をふるう大災害」が、「悪魔」になるという（詩篇九一編六節）誤訳に由来している。キリスト教の二十世紀の歴史のあいだに、この聖書の言い間違いは、キリスト教徒ポール・ブールジェの小説の題名にもされ（『真昼の悪魔』（一九一四年））、年甲斐もなく人生の半ばを超えた男（女性よりも男性の方が多い）が、悪魔に取りつかれたように恋愛におぼれるという意味で用いられる。

この悪魔にとりつかれたら、抑圧された近親相姦的、幼児的な欲望が、白昼に現われることになる。そうなれば、不可能なものなど何もない。生きることは享楽で、享楽こそが生きることになる。理想的な美人を腕に抱き、ヨットに乗せるという、真昼の悪魔の虜になった者は、自分の力を示して、その証をひけらかそうとする。どっちつかずの壮年である鬱々した端くれは、一度しかない人生、今こそその人生を生きるときとばかりに、死を物ともしない。トマス・ハーディの『日陰者ジュード』は、主人公が母親、娘、孫娘と三世代のいつも花盛りの女性を愛する話である。ナルシスは、老けない。若いころのこの上なく美しい姿を描いた肖像画を前にしたドリアン・グレイのように、すべすべで若々しい恋人の身体が鏡となり、自分に死が訪れることなどないと安心し、若いころのままでいられるのであろう。フローベールの聖アントワーヌは、両手を広げ、慰安や永遠の平穏を約束する死神と、くみ尽せない満足感と幸福を提供してくれる淫欲の女神の誘惑の狭間で、悪魔の二重の姿を認め、どちらも選択しない道を選びながら、この世に生まれる前の不動性へと回帰することの不可能を欲望する(『聖アントワーヌの誘惑』(一八九四年))。

ダンテの『神曲』地獄篇は、「人生の道の半ばで/暗い森の中にいた」で始まる。真昼の悪魔は、薄暗い森と森に隠れた木のどちらを照らすのであろうか。

真夜中の海辺　BAIN DE MINUIT

波間に揺れる裸体、禁じられた香り、薄明かりと海水に包まれ、体と体がそっと触れ合う。不安と興奮とが交錯する。視界が閉ざされているので、何とか見分けようとする。真夜中の海辺、それは潔白でもあり、同時に犯罪の時間でもある。水が清らかであるからといって、つねに、善意で清らかであるとは限らない。

われわれがいるのは、曖昧さやセクシュアリティが完全に失われたヌーディストキャンプから遠く離れた場所である。真夜中、暗くて見えないために、包み隠さず身を任せれば、興奮がもたらされる。

暑い空気、冷たい水に包まれ、楽しくもあり、危険でもある感覚に満たされる。欲望の海底や深層に、何が隠されているのだろうか。

真夜中の海辺は、母親の水の要素（羊水）への回帰である。それは、退行的であり通過儀礼的であるような両面の意味を持ち、日付をまたぐ通過点（午前零時）であり、子供と大人の中間にいる青年のイメージである。

抑圧を夜中に解除する行為は、禁止をもてあそぶものはあるが、禁止線から踏み越えるものとは限らない。裸体と貞操*を一緒にしておくということは、宮廷恋愛において恋人同士が強いられていた試練の快楽主義的な面を継承するものである。真夜中の海辺は、夢想、欲望の完了、純化の儀式の性質を帯び、洗礼に近いものがある。誕生（羊水から出ること）、快楽の波、子供の遊び、抑えきれない欲望を凝結させるのが、真夜中の海辺ということになろう。

さあ、早く満月を。

みだらな空想（夢精）　SONGES IMPURS（POLLUTION NOCTURNE）

みだらな空想ほど反性科学的な概念はない。しかし、その有名な症状である夢精というものは、性が意志に勝っていることを示すものであり、（とくに男の）心を動揺させ続けた。教父やスコラ学者らは、罪の道をたどりながら、夢精をコントロールしようとした。天使博士として知られるトマス・アクィナスは、『神学大全』（一二六九〜七二年）でその問題をきっぱりと解決している。「夢精は罪ですか」という問いに対して、トマス・アクィナスは、「意志によらないものであるから罪ではない」と答えたのである。一方、百科全書派や、十八世紀から十九世紀にかけての医者は、夢精を病気と考えた。居心地の悪さは残ったが、皆が一致して、古代ギリシア人が精液の夢から夜間の精液喪失が生じると主張していたことを認めている。つまり、最大の理由は、古代ローマ人が somnia venerea と名付けた夢にあった。フランス語への翻訳が、本質を明らかにしてくれる。夢精の表現は、世紀を経て、好色な夢から不純な夢*に変化した。形容詞 venereum（性病の）という意味は進化したが、それでも夢想はつねに性病と関係を持ち続けてきた。それは、夢の幻覚的な力が、無意識の欲望の実現と類似していることの証ではなかろうか。意志的な行為も肉体の接触もなくオルガスムスを引き起こすことができるのは、ただひとつ夢精だけである。夢精は不純であるのは、夢精が性愛的であり、しかも、「精液を排出」することで暴露されてしまうからである。思春期に頻出して動揺させる wet dreams（夢精）は、恥ずかしいものととられることが多い。母親の探るような目つきから、シーツの「地図」をどう隠したらいいのだろうか。その点、女の子たちはラッキーだ。アンナは言う。「あれが起きても、体のずっと奥の方だから」

性生活におけるファンタスム*の力は、平穏を乱す。聖アウグスティヌスは、「全能の神よ。あなたのお手に、私の魂にとりつく物憂さを和らげ、眠っているあいだの不純な動作に対してあふれるほどの恩寵を注ぐお力はないのですか」と懇願した。ただ、ペニスや精神の興奮を鎮めることを神の御手にまですがるというのは、よい解決策であろうか。

幼児性愛　SEXUALITÉ INFANTILE, SEXUALITÉ DE L'ENFANT

ある既婚女性に突然蘇った幼少時代の思い出。彼女は、夏を過ごした大きな家で、昼寝をしていた。脱いだパンツの中に靴下をしまい、少しだけ年下のいとこの女の子たちと重なりあって寝そべっていた。

子供のセクシュアリティは、性器を一人で触ってみたり、茂みの中で性器を触りあいっこするに留まらず、おままごとや、お医者さんごっこ、空想ごっこ（二〇〇四年から二〇〇五年にかけて起きたウトロー事件は、子供が大人たちを空想するあまり、大人たちを不当にも告発してしまったのである）など、あらゆる形を取っている。指しゃぶりやおしゃぶりぬいぐるみ、スカートをひらひらさせるブランコや息をつぐひまのないくすぐり、校庭のけんか、ハエの羽根むしり、うんち、耳から生まれる赤ん坊（ルイ十三世が幼少時代に信じていた精霊。これは、ルイ十三世の専属医エロードによって報告された子供のマスタベーションである）など、幼児性愛を生まれさせるには、体ならどこでもよい。濃厚な快、尽きることのない興奮、世界の起源に関する活動的な探求は、大人にとって（子供にとっても）厄介なものであるが、精神分析学にとっては、こうした探求こそが性的な性質に属するのである。それは、本能、自然、そして生殖から離れた性である。

幼児性愛は、このような開花とその抑圧から生じる。子供の性的快楽（しゃぶる、おっぱいを吸う、なでる、しがみつく、がまんする、能動や受動、話す、探すなど）は、成人してからの性的な生活を決めることになる。性的快楽が昇華されると、両親や教師など周囲の人間から、抑圧、さらには破壊を強要されなかった人にとっては、学習や分化への道が切り開かれる。文明化と考えられている「あれをしてはいけない、これをしてはいけない」という禁止項目のリストが、原初的な快楽と同じくらい長い期間、継続してきた。そしてまた、教育の始まりと共に、子供に幼児的で下品な野蛮さを抑制しようとしたり、制御しようとしてきたのである。

幼児性愛は、子供においても大人においても、文明によって、あるいは文明のために教育することは不可能であり続ける。なぜそうあり続けるのかと言えば、無意識の中で抑圧されるので、時がたっても可能になることがないからである。姿を変えさえすれば、その一部が、症状（靴下だけ身につけて昼寝をしていた女の子は、パンツをはくことを嘆いている）として、または、芸術家によって、またわれわれの大きな快によって用いられる。

欲望／欲する　DÉSIRER

五十がらみの美しい女性ジャンヌが、自分の見た夢について語る。高級クラブでトランプをしていて出会った男は、特別嫌いなタイプなのに性的な魅力を感じてしまう――なんと不思議！　――という内容である。この夢に彼女は驚いた。なぜなら、怖いと感じていたその男に対して、心が引きつけられていることに気付かされたからである。その男とトランプをするときはいつも、ばかなことをしたり、うっかりしてへまをしたりするので、ゲームはすべて、男が勝ち、彼女はへたな初心者と思われていた。腕のあるこの女性・カードプレーヤーが、この男と勝負するたびに取り乱してしまうとは、何とも奇妙である。この受け入れ難い奇妙な夢は、意識からかなりかけ離れた、最も深くにある欲望の表われである。

欲することは、要求に強いられた別の性質の問いを立てる。欲望の対象に直面して感じる欠落につながる苦悩が、おさまらず、獲得しようとしている目的に、到達したように思われても、けっして完全に満足することはない。欲することは、望むものの欠如と、欠如したものの出現の探求を意味する。不安定で、移り気、取り消し可能で、強烈で心から離れない欲望は、根本的によそ者である他者の危険に自分をさらす。ジャンヌの場合、その男がジャンヌの認識力を乱し、思考を啞然とさせ自分の手から逃れてしまう、彼とゲームをすると知った瞬間に恐怖心を抱かせている。Désirer の語源は、desiderare や desiderum で、人を茫然とさせ、手に入れることのできない理想的な星だけを眺めていたい欲望や悔いの意味を持っている。異様な緊迫感が漂ったり、嫌悪が表に出たりと、欲望には術策があり、隠しだてをする。自分の望みが何であるかわからない。これが欲望を定義するものでもある。欲望は、ため息をつきながら姿を現わす機会をうかがい、現実において欠如しているものを思考の中で存在させるファンタスム*と切り離せない。「キスだけでは満足できない。その身体のすべてが欲しい」

（ウッディ・アレン）。

欲求不満　FRUSTRÉ（MAL-BAISÉ）

Frustrée《フリュストレ》（欲求不満の）という形容詞は、性的解放*の時代では、一際目立っていた女性形の形容詞であった。Mal《マル》ー baisé《ベゼ》（性的欲求不満者）はその俗語であった。その後、四〇年の年月を経て、共に侮辱的な表現として、男性形で用いられるようになった。男女平等の闘いに勝利したと見るべきなのか、それとも、社会的な命令の持続性や、性行動の領域での阻害の持続性を指しているととらえるべきであろうか。

性的解放の時代は、長くは続かなかった。十七世紀から六〇年代以前まで、貞淑な女性は不感症*で、信仰心のある男性は性行為に快楽を求めようとはしなかった。こんにち、健全な西欧人であれば、誰しも性交渉を頻繁にして、創意に富んださまざまな体位で完全なオルガスムを享受すべきとされている。売春婦とか放蕩者として恥辱の刻印を付けられることはなくなったが、治療を要する病人はいる。それは、性科学者や精神科医が適切な治療を施すためである。

数年前から、製薬業界が名乗りをあげている。あらゆる病気に治療薬を、それが充分でなければ、あらゆる薬に新しい病気を提供しようとしている。遠くない将来、欲求不満の治療薬として、青、赤、ピンク、紫色の錠剤が開発されるかもしれない。それとも、格調高く「快楽行動障害」を作り出さなければならないのだろうか。

乱交パーティ　ORGIE, PARTOUZE

始まりはギリシアのディオニッソスとローマのバッカスを祀るオルギアと呼ばれる盛大な儀式で、あふれる官能的なエネルギーを解放するために行なわれていたものである。オルギアとオルゲ（オルガスムス）は語源を同じくする。叫び声と興奮した歌声と陶然とさせる音楽の混じったどんちゃん騒ぎの中で、豊富な食料、多量のワイン、はめをはずした舞踏などが入り乱れた乱交の熱狂は、陶酔、無限との融合、エクスタシー*（自己からの離脱）を求めようとする。肉体と神が一体となった「肉体の快楽と宗教的な恍惚のアルカイックな一致」である（ジョルジュ・バタイユ『エロティスム』一九五七年）。異教徒の呪術は、聖書に登場する地獄の炎に抵抗することができなかった。乱交は、ソドムとゴモラを破壊した硫黄の臭いがする。

時代とその「セックス崇拝」の印であった、オルギスは今では「穏やか」になり、ほとんど社交性の一形態にまでなった（ジル・リポヴェスキ）。古代ローマの酒神バッカス祭や中世の魔女のサバトは遠い過去になった。オルギスは、恍惚なものでも悪魔的なものでもなく、ただ暴飲暴食をしながらの性の遊びになってしまった。

一九二〇年代以来、こうした行為が通俗化すると、オルギスという語は徐々に「乱交パーティ」という語に取って代えられるようになった。セックスパーティ、グループセックス、集団レイプ、メランジスム、コート・ア・コティスム、スワッピング*などの語も現われた。激しく欲望の匿名性に向かい、そして対象に無関心になって混乱したセクシュアリティの中で明確に観察する行為と同じ数の言葉があり、まるで言葉のオルギスである。誰とでもセックスをするということは、誰ともメイクラブしないことである。

リビドー　LIBIDO

リビドーは、ラテン語がそのままセクシュアリティ用語として使用されている稀な語である。クンニリングスもやはりラテン語であるが、恥かしさと顔を赤らめるような興奮以外、派生的な意味を持たない。リビドーは、もともとラテン語で欲望を意味する語であり、フランス語として残されていた語は、好色な老人に対して同情しながら軽蔑を込めて用いられるlibidineux《リビディヌウー》のみであった。

十九世紀の学者らが、この古い用語を復活させた。ハヴロック・エリスは、フロイトより前に、明確な量的変化をリビドーに与えたのである。その後、リビドーは、欲望よりもむしろ性的欲動のエネルギーになった。リビドーという語が、科学の中でも精神分析の分野においてのみ、充分に明瞭なの意味で使用されているのに対して、一般的には、性的欲望という昔のままの意味を取り戻している。

したがって、「私のリビドーが低下している」は、もう性欲がないという意味になる。

では、日常のセクシュアリティ用語が、セクシュアリティを扱う分野である精神分析よりもセクシュアリティそのものにより近い理由はどこにあるのか。誰のせいなのか。セクシュアリティを通俗的なレベルに立ち戻らせるために研究を費やした性科学の責任であろうか。あるいは、実際は同じであるのに、道徳的、あるいは科学的な尊厳をリビドーに求めて、リビドーから遠ざかろうとした精神分析家の責任なのか。しかし、リビドーが形を変える無限の可能性（昇華）を示しつつ、人類の欲望全般にリビドーの地平を拡大した精神分析の功績を認めなければならないだろう。精神分析がなければ、文化の傑作は何の価値も持たないであろう。

リベルタン（自由思想家）　LIBERTIN

リベルタンとは、果たして、政治的なのか、それとも官能的なのであろうか。一方が他方の陰に隠れているために、リベルタンの求める自由の中心には、曖昧さがある。歴史的には、明らかに政治的の方である。十七世紀には、『ミューズたちの娼館』で、この言葉を使用したクロード・ル・プチが、グレーヴ広場で火あぶりの刑に処された（一六六二年）。その後、自由思想家の評判を落とすために、性風習の意味が加えられた。

自由思想とは、マルキ・ド・サドが、その高貴な（下品な）小説で紹介しているように、「性的で哲学的なポジション」に通じるものがあり、実践である前に言説なのである。サド（自由思想）とともに、性は政治的プログラムになり（フランス人よ、共和主義であるためにもっと努力を！）、君主的で宗教的な権力から解放される手段にも、革命的な優柔不断さを批判するものにもなった。

自然の名のもとでは、何もかも許される。「なぜ、もっと愛することが禁じられているのか。一番愛すべきものなのに」と、サドは近親相姦*を奨励している。「禁止することの禁止」である。このように、境界というものは、つねに迫害と自由破壊として体験される。

自由思想は、ユーモアたっぷりのエロティシズムもあれば、ディドロの『お喋りな宝石』で女性たちが性について語るイメージ、『危険な関係』のヴァルモンとメルトゥイユ夫人のように、享楽が破壊と韻を踏む、残酷さと支配と策略に至るまでバラエティに富んでいる。しかし、どれをとっても、性的な激しさを極端に洗練したものに変えるという点で一致している。

「私はリベルティィイヌ（リベルタンの女性形）。私は娼婦」とミレーヌ・ファルメールは歌っている。こんにちリベルタンは、新たな性の順応主義の象徴である。サドの転覆には遠く及ばない。

両親の性生活　PARENTS (VIE SEXUELLE DES)

「両親がセックスをしたのは三回だけです」精神分析家の驚きをよそにその患者は、「僕たちは三人兄弟ですから」とも言う。想像もつかないことがあるとすれば、それは両親が、「暗い仕事」というエロティックな関係で結ばれていることだ（シェイクスピア『ペリクリーズ』）。

自分の存在を両親の性行為の結果とうけとめること、自身が生まれる元になった原光景を想像すること、それはこの世に生まれた耐え難い偶然性を垣間見ることとである。その結果、自分自身の有限性につながる不安をも抱えることになる。幾度となく自殺を企てた若い男性が、サイコドラマのセッション中に、「たとえ死んでも、自分が誕生した事実を消し去ることはないとわかった」と語った。幸いにも人の心というものは、両親のプライバシーから除外された苦悩や、幼くして両親のプライバシーに巻き込まれる苦悩に耐えるための別の手段を備えている。彫刻家ルイーズ・ブルジョワは、九十歳にして、Seven in bed（二〇〇一年）という題名で、一台のベッドの上でからまっている奇妙な形をした大人の布でできた人間を模した作品を発表している。この作品は、家族と同じ屋根の下に愛人を招き入れ、関係を大っぴらにする父親を持つ子供の、増殖し、混乱し、重苦しいセクシュアリティを表現している。多すぎても少なすぎても、両親の性生活は、子供のセクシュアリティを乱し、あふれ出し、いら立たせる。しかも、時が解決するということはない。この種の男は、近すぎる存在として母親的になった妻とは、近親相姦的な欲望を実現することになるために性行為ができなくなる。若いカップルが同居の開始と同時に口論が絶えなくなるのは、同居と出産計画によって蘇った両親の性生活の亡霊を追い払おうとしているためである。

ルイーズ・ブルジョワのように、ひとつのベッドには、夫婦、それぞれの両親、そして子供を合わせた少なくとも七人の人物がいると考えることができるだろうか。

リトレ辞典では、frigidité という言葉が、frou-frou（さらさらという音）を意味する十七世紀の frifilis という言葉と frigorifique（冷却器）のあいだに置かれていることは、何とも奇妙である。Frifilis／frou-frou が、暑さを示しているのに対して、frigidité は冷たさを連想させるからである。frigorifique の代わりに、最も有名な商品名から一般名称になった frigidaire（冷蔵庫）が使用されるようになったので、なおさらである。別れた恋人について若い男が語るときにもこの語を使い、「あの女は冷蔵庫のように冷たい」と表現していたのである。

冷感症とは、冷淡であることに加えて、（生殖機能が）不能であることと定義され、男女のどちらにも関係のある言葉である。しかし、男は、性的能力を貶されて自分が女性化される冷感症よりも、性的不能（インポテンツ）と形容される方を好むと断言できる。実際に、冷感症は、性交渉でオルガスムどころか時には何の興奮も得られない女性を指して使用されるのが一般的である。ジョルジュ・サンドの小説『レリア』に、「私は蒼白になり目を閉じていようと努めていた。彼が満足してうとうとしているあいだ、私はじっとしたまま、悲嘆に暮れた。私の心は凍えていた」とある。

十九世紀のブルジョワの女性は、快において失っているものを尊厳で補っていた。現代では、冷感症の女性は、まるで二十歳の処女のように、こっけいで罪悪感に満ちている。現代的で、解放された女性は、熱くなければならない。ただし、熱いと言っても軽々しいものはいけない。ふしだらな女とか、もっとひどい場合には、淫売*に間違われる恐れがあるからだ。

冷感症の女性の一群を生み出しているのは、ヒステリーである。父親に対する近親相姦の願望が強く、その願望が恋愛関係に侵入するとき、誠実さを保つための唯一の方法は、愛する男に対して冷淡であり続けることとである。プッチーニのオペラに登場するトゥーランドット姫は、「おまえに火をつける氷は、おまえの火によって、さらに凍ってしまう。その氷は、澄んでいて、薄暗いものであるが、おまえが自分を自由にしておきたければ、その氷はおまえをさらに支配するだろう。その氷がおまえを奴隷として受け入れるなら、それはおまえを王にするだろう」という謎の形で、驚くべき描写をしている。

レイプ VIOL

「痛くないことが確かなら、レイプされてみたいわ。」と語るマノンの言葉は、レイプのファンタスム*と実際に犯された罪とを区別する隔たりを測るものである。前者は、レイプ魔（violeur）や泥棒（voleur）が夜中に家に忍び込むといった、ほとんどそれで総括しているとも言える女性的ファンタスムであり、そのファンタスムはたいていの場合、恐怖の陰に隠されている。男は、遠慮を知らず、レイプされる側ではなくする側であることがほとんどであるが、それはファルスの優位性による。男と女の両方が、原初的場面のファンタスムという共通の泉の水を汲んでいる。初めての愛情の対象として崇拝している母親が、進んでこのような恥辱に同意したなどと考えられるだろうか。「母親は私を生むために父親に耐えなければならなかった」というファンタスムが現実に直面してしまうことがある。バルザックは、「結婚をけっして暴行から始めてはならぬ」と未来の夫たちにアドバイスしている（『結婚の生理学』)。一九九二年から、夫婦間のレイプは罪とされている。

この罪は、けっしてレイプ男の欲望を実現するだけではなく、犠牲者を精神的に破壊する。マグリットの絵画『レイプ』では、顔の代わりに裸体が使われている。レイプは、性器以上に、完全性とアイデンティティを攻撃する。レイプされた女性は、その行為そのものより、襲った犯人が口にした侮辱的な言葉の方をより記憶している。レイプとは、例外なく、戦争が実践している戦争行為そのものである。第二次バルカン戦争中、武器というものは明らかに「民族浄化」の役割を果たしていた。だが、犠牲者を破壊するに留まらず、子孫に傷を残す結果となった。

罪とファンタスムが奇妙な形でつながることがある。多くの女性をレイプした上、殺害し「パリ東部の連続殺人魔」として恐れられたギー・ジョルジュは、獄中で女性のファンクラブの会員からファンレターを受け取り、彼女たちにまさに夢をみさせていたのである。

露出症/窃視症 EXHIBITIONNISME / VOYEURISME

寄宿女学校では、寄宿生たちが大騒ぎでパニック状態である。毎週木曜日になると、長いレインコートとバスケットシューズを身に付けただけのシルエットが、修道院長に付き添われた少女たちのグループを街角で待ち伏せし、彼女らの目前で「露出」するというのだ。通報を受けた警察が、現場に駆け付け、犯人を連行する。皆が驚いたことに、その犯人は、女であった。この露出症の女を罰することが果たしてできるのだろうか(ジョイス・マクドゥーガル)。「見るといえば、男性器を見ることである」

というフロイトの言葉が、――やや性急ではあるが――寄宿生らの「目に見えたもの」を支える。これが、見る欲望と見せる欲望が、完全に一致するときである。

ただし、露出症の人と窃視症の人の関係は、お互いに出会うことのない矛盾したカップルになる。後者は、自分を見られずに相手を見る。気付かれずに相手を観察する。前者は、相手の視線に罠をかけ、犯し、相手の恐怖をものにする。窃視症者は、露出症者と同じく、他者の意表をついて驚かし、待ちかまえる。映画『不愉快な話』(ジャン・ユスターシュ、一九七八年)で窃視症者が、トイレのドアに開けた穴から女性の性器を観察する様子が描かれている。ナチュリストのグループの中には、窃視症者はいないし、そもそも、露出症者も存在しない。

カメラ、双眼鏡、裏箔のない鏡、鍵穴などを通して見る行為は、目の保養をする目的としては何の価値もない。のぞき魔は、ちらっと見たり、その下に何があるかを想像したりする。映画『**Put the blame on me**』でリタ・ヘイワース演じるギルダは、情欲をそそるように黒の手袋の片方を脱ぐ。そして、もう一方の手袋を脱ぎ、次に金のネックレスをはずす。悩ましいストリップは、急いでレインコートを開くことを禁じている。そんなことをすれば、欲望を短絡させてしまう。この巧妙に隠されたものの往復運動や、目に見えないものに対する空想がなければ、エロティシズムは成り立たない。二つの衣服(ズボンとセーター)、二つの縁(少し開いたブラウス、手袋と袖)のあいだにちらちら見えるきらきら光る肌が、エロティシズムに通じるのである。魅惑的なのは、このちらちら見えることそのものである。別の表現を用いれば、出現―消滅の演出である(ロラン・バルト)。

ロリータ　LOLITA

一九五五年にヴラジーミル・ナボコフが小説『ロリータ』を書いたとき、ロリータが、熟年の男の欲望を強迫的なまでに呼び覚まし、思春期の少女の典型を指す言葉として生まれることになろうとはナボコフ自身予想しなかったであろう。ましてや、この小説が騒ぎを引き起こし、発刊から一〇年後、娘にロリータと名付ける親がいなくなろうとは思いもよらなかったにちがいない。

ぴったりとした甘酸っぱいキャンディー色のTシャツ、プッシュアップブラ、お尻すれすれのスカート、無邪気さを装ったお下げ髪の小悪魔的少女ロリータは、それがそれほどスキャンダラスになるのでなければ、かじってみたいと思わせるカリカリのベビードールである。しかし、まったくポリティカリー・インコレクトなことに、ロリータは、単に男の求めに応じないばかりか、男の欲望を駆り立てるアリュミューズ*であり、気をそそることにもそそられることにも強い関心を持っているのである。

父親を魅了する娘、娘を魅了する父親といったようなオイディプスの近親相姦的なファンタスムを行為化することは、動揺と衝撃を与える。近親相姦*のタブーが、絶えることなく再確認されるのは、近親相姦がファンタスム*の中で特権的な位置を占めているからである。破廉恥な女、ロリータは、あきれるほど衝撃的でひどく無遠慮な態度の中に、禁じられたものの実現している。

アメリカには、ロリータという題名の映画として、六〇年代のスタンリー・キューブリック監督作と、九〇年代のエイドリアン・ライン監督作の二作品があるが、当然のように、どちらも話題作になった。エイドリアン監督作では、アメリカのピューリタン精神にそぐわないテーマのために、作製費の資金繰りが大変であった。子供が禁じられた大人の欲望の犠牲になることは、深刻なことである。それにもかかわらず、それを実行するようそそのかすことは、耐え難いのである。

ロリータは、スペイン語で苦しみを意味するドロレスという名前の愛称である（ナボコフは、小説『ロリータ』で始まりからドロレスをロリータと呼んでいる）。無邪気で小粋なニンフェットは、痛々しげな別の一面を持っている。それは、おそらく、ファンタスムというものが、けっして実現するために作られるものではないことを感じさせる一面ではなかろうか。

訳者あとがき

本書は、Jacques André, *Les 100 mots de la sexualité*（Coll. « Que sais-je? » n°3909, PUF, Paris, 1re édition, 2011）の全訳である。セクシュアリティに関する一〇〇語を一三人の専門家が解説した著作である。一三人の専門家のほとんどは精神分析に依拠している。セクシュアリティに関連する文学や芸術への参照が数多くなされているが、それでも、精神分析を通して概観した文学や芸術であると言えるだろう。それほど、精神分析が現代のセクシュアリティ概念に与えた影響は大きいのである。

監修者のジャック・アンドレはパリ第七大学精神病理学教授の精神分析家である。フランス精神分析協会会員で国際精神分析協会会員である。ジャン・ラプランシュと共にＰＵＦ（フランス大学出版局）«Petite bibliothèque de psychanalyse » シリーズの代表者を務めている。

著作としては、フランス革命に関する研究をもとに執筆した、社会関係に関する精神分析的著書「兄弟殺しの革命（*La révolution fratricide. Essai de psychanalyse du lien social*, Paris, PUF, coll. «Bibliothèque de psychanalyse », 1993.)」を始めとして、女性性など精神分析に関する著書が多数ある。「女性のセクシュアリティの起源において（*Aux origines féminines de la sexualité* , Paris, PUF, coll. « Bibliothèque de psychanalyse »,

1995.）」（一九九五年）は五か国語（中国、ギリシア、スペイン、イタリア、ポルトガル）に翻訳されている。
主な著書は以下のとおりである。
Les 100 mots de la psychanalyse（Que sais-je?）（二〇一一年）
La sexualité féminine（Que sais-je?）（二〇〇九年）
Maternités traumatiques（二〇一〇年）
La psychanalyse de l'adolescent existe-t-elle ?（二〇一〇年）
La folie maternelle ordinaire（二〇〇六年）
L'énigme du masochisme（二〇〇〇年）

そもそもセクシュアリティ（sexualité）とは何だろうか。セクシュアリティとは、人間のあらゆる性活動を支える欲望の本性であり、文化や歴史に帰属するものである。それに対してセックス（sexe）は、生物学的な事実であり、自然に属する次元のものである。セクシュアリティとは、性の人間的本性と言ってもよい。セクシュアリティは、性をめぐる人間のあらゆる心的活動に影響を与える重要な概念なのである。

さらに言えば、本書で各所に読み取ることができることであるが、セクシュアリティをめぐる人間の心的活動は決して調和的で安定した道を辿ることはなく、むしろ、そこに不安や場合によっては行き過ぎた逸脱を引き起こす不安定な関係になっている。男女のすれ違いも同じことであり、改めて言うまでもないが、それはさまざまな小説の基盤になってきた。

本書において、男女が性に翻弄されているあり様がいささか皮肉を込めて描かれているのはその不安定な関係のためである。その翻弄され心的混乱が生じた男女は、とりわけフランスにおいては、精神分析家のもとを訪れる。本書の執筆者の大半が精神分析家となっているのは、彼らが語った話からセクシュアリティについての着想を得ているためである。

本書は、一〇〇語からなる「事典」のような体裁をとってはいるが、必ずしも網羅的ではない。読者の中には読みたい項目がないと感じられる方がおられるかもしれないし、また反対に、思わぬ項目を見出される方がおられるかもしれない。さらに、それぞれの項目が独立しているので、冒頭から読むこともできるし、もちろん好きな項目から読み始めることもできる。

なお、本文中の文学作品からの引用については、邦訳のあるものは、できる限りそれを参照した。訳注については、（ ）内に番号を付し、訳文中に示した。

本書の翻訳にあたっては、すでにクセジュの翻訳をいくつか手がけておられる守谷てるみ氏が下訳をして、推敲を重ね、最終的に私が全て手直しした。それゆえに、本訳書に誤りがあるならば、それはすべて訳者の責任である。

最後に、本書の上梓にあたっては、白水社編集部の浦田滋子氏に大変お世話になった。煩雑な作業に従事された同氏には、訳者として感謝の気持ちでいっぱいである。

古橋忠晃

二〇一三年一月　名古屋にて

参考文献
（訳者による）


オウィディウス『恋愛指南』，沓掛良彦（訳），岩波文庫，2008 年．

『ボードレール全集 I』「悪の華」，安部良雄（訳），筑摩書房，1983 年．

フロイト『性理論のための三篇』（1905 年），渡邉俊之（訳），フロイト全集六より，岩波書店，2009 年．

『ドン・ジュアン』モリエール全集第四巻，秋山伸子（訳），臨川書店，2000 年．

ロラン・バルト『テクストの快楽』（1973 年），沢崎浩平（訳），みすず書房，1977 年．

デュルケム『宗教生活の原初形態』，古野清人（訳），岩波書店，1982 年．

『カント全集一〇 たんなる理性の限界内の宗教』，北岡武司（訳），岩波書店，2000 年．

ヘーゲル『歴史哲学講義（上）』，長谷川宏（訳），岩波書店，1994 年．

『ルソー全集 第一巻』「告白」第一部，小林善彦（訳），白水社，1979 年．

レーモン・クノー『青い花』，滝田文彦（訳），筑摩書房，1969 年．

『ローマ恋愛詩人集』，中山恒夫（訳），国文社，1985 年．

『シェイクスピア全集七悲劇 II　オセロー』，木下順二（訳），筑摩書房，1967 年．

『スタンダール全集八　恋愛論』補遺「失敗について」，生島遼一／鈴木昭一洋（訳），人文書院，1972 年．

『バルザック全集第二巻　結婚の生理学』考察二六「さまざまな武器について」，安士正夫／古田幸男（訳），東京創元社，1973 年．

ギヨーム・アポリネール『若きドン・ジュアンの冒険（手柄咄）』（1911 年）「アポリネール全集 III」，窪田般彌（訳），青土社．

エミール・ゾラ『愛の一ページ』（1878 年），石井啓子（訳），藤原書店，2003 年．

『シェイクスピア全集三喜劇 III』「ペリクリーズ」，御輿員三（訳），筑摩書房，1967 年．

『バルザック全集第四巻』「田舎医者」，新庄嘉章／平岡篤頼（訳），東京創元社，1973 年．

ルクレティウス『事物の本性について』『世界古典文学全集』，筑摩書房．

『カフカ全集八』，辻理（訳），新潮社，1992 年．

『モーパッサン短編集 I』，青柳瑞穂（訳），新潮文庫，2006 年．

ジョルジュ・バタイユ『エロスの涙』，樋口裕一（訳），トレヴィル，1995 年．

『バルザック全集第二巻』、「結婚の生理学」考察五「予定された人々について」，安士正夫／古田幸男（訳），東京創元社，1973 年．

エミール・ゾラ『夢想』，小田光雄（訳），論創社，2004 年．

フロイト『処女性のタブー』（1918 年），本間直樹（訳），フロイト全集一六より，岩波書店，2010 年．

訳者略歴
古橋忠晃（ふるはし・ただあき）
精神科医、医学博士
一九九九年　名古屋市立大学医学部医学科卒業。
現在名古屋大学学生相談総合センター助教。
ストラスブール大学客員教授。（二〇一一年六月）
専門は精神病理学
専門領域の諸々の論文の他
主要訳書
ケネス・J・ズッカー、スーザン・J・ブラッドレー『性同一性障害』（共訳、みすず書房、二〇一〇年六月）
ロラン・シェママ、ベルナール・ヴァンデルメルシュ『精神分析事典』（共訳、弘文堂、二〇〇二年三月）ほか

守谷てるみ（もりや・てるみ）
一九八二年、南山大学文学部仏語学仏文学科卒業。
自動車メーカー、電子部品メーカー勤務を経て、現在フランス語翻訳業。
主要訳書
P=L・アスン『フェティシズム』（共訳、白水社文庫クセジュ九三一番）
G・マルジョン『100語でわかるワイン』（白水社文庫クセジュ九四七番）
G・ボネ『性倒錯』（共訳、白水社文庫クセジュ九五四番）
A・ボウエー、L・プランティエ『100語でわかるガストロノミ』（白水社文庫クセジュ九七五番）

100語でわかるセクシュアリティ
人間のさまざまな性のあり方

二〇一三年二月一〇日印刷
二〇一三年三月一〇日発行

訳者 © 古橋忠晃
　　　守谷てるみ
発行者　及川直志
印刷所　株式会社平河工業社
発行所　株式会社白水社

東京都千代田区神田小川町三の二四
電話　営業部〇三（三二九一）七八一一
　　　編集部〇三（三二九一）七八二一
振替　〇〇一九〇—五—三三二二八
郵便番号一〇一—〇〇五二
http://www.hakusuisha.co.jp
乱丁・落丁本は、送料小社負担にてお取り替えいたします。

製本：平河工業社
ISBN978-4-560-50977-7
Printed in Japan

文庫クセジュ

哲学・心理学・宗教

文庫クセジュ

文庫クセジュ

歴史・地理・民族(俗)学

文庫クセジュ

文庫クセジュ

社会科学

357 売春の社会学
396 性関係の歴史
483 社会学の方法
616 中国人の生活
654 女性の権利
693 国際人道法
717 第三世界
740 フェミニズムの世界史
744 社会学の言語
746 労働法
786 ジャーナリストの倫理
787 象徴系の政治学
824 トクヴィル
837 福祉国家
845 ヨーロッパの超特急
847 エスニシティの社会学
887 NGOと人道支援活動
888 世界遺産
893 インターポール
894 フーリガンの社会学
899 拡大ヨーロッパ
907 死刑制度の歴史
917 教育の歴史
919 世界最大デジタル映像アーカイブ INA
926 テロリズム
933 ファッションの社会学
936 フランスにおける脱宗教性の歴史
940 大学の歴史
946 医療制度改革
957 DNAと犯罪捜査

文庫クセジュ

自然科学

60 死
110 微生物
165 色彩の秘密
280 生命のリズム
424 心の健康
609 人類生態学
701 睡眠と夢
761 薬学の歴史
770 海の汚染
794 脳はこころである
795 インフルエンザとは何か
797 タラソテラピー
799 放射線医学から画像医学へ
803 エイズ研究の歴史
830 宇宙生物学への招待
844 時間生物学とは何か
869 ロボットの新世紀
875 核融合エネルギー入門
878 合成ドラッグ
884 プリオン病とは何か
895 看護職とは何か
912 精神医学の歴史
950 100語でわかるエネルギー
963 バイオバンク

文庫クセジュ

芸術・趣味

64 音楽の形式
88 音楽の歴史
158 世界演劇史
333 バロック芸術
336 フランス歌曲とドイツ歌曲
373 シェイクスピアとエリザベス朝演劇
377 花の歴史
448 和声の歴史
492 フランス古典劇
554 服飾の歴史—古代・中世篇—
589 イタリア音楽史
591 服飾の歴史—近世・近代篇—
662 愛書趣味
674 フーガ
683 テニス
686 ワーグナーと《指環》四部作
699 バレエ入門
700 モーツァルトの宗教音楽
703 オーケストラ
728 書物の歴史
734 美学
750 スポーツの歴史
765 絵画の技法
771 建築の歴史
772 コメディ＝フランセーズ
785 バロックの精神
801 ワインの文化史
804 フランスのサッカー
805 タンゴへの招待
808 おもちゃの歴史
811 グレゴリオ聖歌
820 フランス古典喜劇
821 美術史入門
836 中世の芸術
849 博物館学への招待
850 中世イタリア絵画
852 二十世紀の建築
860 洞窟探検入門
867 フランスの美術館・博物館
886 イタリア・オペラ
908 チェスへの招待
916 ラグビー
920 印象派
921 ガストロノミ
923 演劇の歴史
929 弦楽四重奏
947 100語でわかるワイン
952 イタリア・ルネサンス絵画
953 香水
969 オートクチュール
970 西洋音楽史年表